哈佛，不僅是一所大學的名字，更是一種品格與智慧的象徵！

哈佛大學 300年的秘密

如何培養未來的領袖，做出影響世界的改變！

李慧泉 著

美國廣播公司(ABC)著名評論員喬．莫里斯說：
「哈佛大學的影響力，足以支配整個美國！」

這所美國歷史最悠久的大學，以不到4%的錄取率，
培養出四十八位諾貝爾獎得主、
四十八位普立茲獎得主、
八位美國總統，
是全世界的年輕人最想進入的夢幻學校！

ENTER TO GROW IN WISDOM

前言

哈佛大學，這座有三百多年歷史的著名學府，是世界各國莘莘學子神往的聖殿和夢想的天堂，哈佛大學在人們的心中已經成為一個符號。人們渴望走進哈佛大學，不僅是因為哈佛大學的名氣，更重要的是哈佛人的思想魅力和文化精髓，**正如哈佛大學著名教授威廉・詹姆斯所言：「真正的哈佛是——無形的、內在的、精神的哈佛。」**可以說，哈佛是一種品格與精神的傳承。

百年哈佛，培養出眾多傑出而舉世公認的科學家、文學家、教育家、哲學家、詩人。美國獨立戰爭以來，幾乎所有的革命先驅都是出自於它的門下，它被稱作「美國政府的智庫」，先後誕生了八位美國總統、數十位諾貝爾獎、普立茲獎得主，他們的一舉一動決定美國的政治走向與經濟命脈。它以超越實用性的長遠眼光，致力於文理融合的

「通才教育」，致力於喚起對新思想、新事物的好奇心，鼓勵自由探索、自由審視、自由創造，並且因此而奠定它的名望和深厚根基。

細看哈佛，讀的是一種氛圍、一種傳統、一種瀰漫著濃厚人文氣息的文化底蘊。解讀哈佛，留給人們的是一種思考、一種激勵、一種智慧的啟迪。

本書甄選哈佛教育理念中的思想精髓，眾多哈佛校長、教授、著名哈佛學子的經驗之談，以及名人尋常又非凡的成功經歷，具體而深刻地展現哈佛的精髓與魅力。無論是涉世未深的青少年，還是經歷過世事風雨的成年人，但願這本書中的某個故事或是某句話可以改變你的人生，激勵你不斷前進。

目錄

如何培養未來的領袖，
做出影響世界的改變！

一第二章一以今日為起點
計畫百次，不如行動一次

一第三章一以學習為己任
求知是我們畢生的使命

第六章 以平常心面對生活

苦難是人生的必修課

第七章 以自制為準繩

戰勝自己的人，才可以成功

一第八章一以自信為伴
做內心強大的自己

第一章 與真理為友

我愛我師，我更愛真理

哈佛大學（以下簡稱「哈佛」）的校訓是用拉丁文寫的，譯成中文和英文是「與柏拉圖為友，與亞里斯多德為友，更要與真理為友（Let Plato be your friend, and Aristotle, but more let your friend be Truth.）」。

在哈佛大學成立兩百週年之際，哈佛校訓被簡化為「讓真理與你為友」。它被鐫刻在哈佛大學的校徽上，沿用至今，也一直被哈佛大學一代又一代的繼承者奉為金科玉律。

哈佛銅像的啟示：不輕信權威

無論是求學者，還是旅遊者，到了哈佛大學，必做的一件事情就是去瞻仰哈佛大學行政大樓前矗立的哈佛本人的銅像，並且會對這個哈佛大學的創辦者表示景仰和思慕。哈佛的銅像上方懸掛美國國旗，整體看來非常有氣勢。銅像的底部鐫刻著三行字：「John Harvard（約翰・哈佛），Founder（創辦人），一六三八。」

其實一直以來，很多人都被這個著名的銅像誤導了，因為這個銅像上存在三個錯誤，因此被戲稱為「謊言銅像」。

首先，這個銅像不是根據哈佛本人的模樣塑造的。因為在哈佛大學決定要塑造一座哈佛的銅像之時，由於各種歷史的原因，哈佛本人的相貌已經不可考了——沒有任何畫像或是照片留下來。無計可施之下，人們只好在學校裡尋找一位學生冒名頂替，按照他的模樣塑造哈佛的銅像，這一點已經成為一個公開的秘密。

其次，哈佛也不是學校的創辦者。只是在學校成立初年，哈佛捐贈一筆在當時看來為數不少的錢財。對於一個剛成立的學院來說，這筆捐贈無異於雪中送炭。

最後，哈佛學院的創辦時間是一六三六年，並非如銅像上所刻的一六三八年。也就是說，這座著名的哈佛銅像，無論是外型還是文字，沒有一處是真實的。在以「求是崇真」為最基本精神的哈佛大學，「真理」與「謊言」竟然如此天衣無縫地融合在一起，校方到底是怎麼想的？他們以真理為基準來培養自己的精英，卻允許這樣的謊言存在，究竟有何道理？

對於這個疑點，哈佛校方是這樣解釋的：

「懷疑的精神和冷靜的態度是哈佛人一向秉持的原則，這座『謊言銅像』不斷地提醒哈佛人，不要輕信傳說中的權威偶像，要努力追求自己堅信的真理，用一種唯美的觀點來欣賞這座銅像。透過三個謊言，將真實的事情牢牢地記住。」

其實很多時候，無論是正還是反，重要的不是外在的形式或是人們容易看到的一面，挑開表層的東西，知悉其內在的含義，瞭解其蘊含的初衷，才是人們應該重視和始終堅持的。

正是因為如此，「假」哈佛不妨礙「真」哈佛應該得到的敬意。三百多年過去了，那個「假」哈佛正襟危坐，領受著世界各地遊客仰視的目光。

三百多年以來，哈佛的畢業生們在物質和精神兩個層面對塑造美國文化做出無法估量的貢獻。如果沒有對真理的熱愛，對學術的渴求，對知識的尊重，就不會有今天的哈佛和今天的美國。

大多數人很相信權威，其實這是一個盲點，因為權威不總是正確的。很多時候，正是由於輕信權威而束縛我們的發展。不要輕易相信權威，要相信的應該是自己。只有這樣，我們才可以有所突破，才可以走一條屬於自己的路。

哈佛校訓：讓真理與你為友

哈佛大學的校訓是用拉丁文寫的，譯成中文和英文是「與柏拉圖為友，與亞里斯多德為友，更要與真理為友（Let Plato be your friend, and Aristotle, but more let your friend be Truth.）」。這個校訓強調兩個原則，一是哈佛重視傳統，尤其是以柏拉圖、亞里斯多德為代表的希臘的人文理性的傳統，相信在偉大的傳統中有永恆的智慧，所以在哈佛不可能出現全盤反傳統、反歷史的迷狂；二是強調追求真理是最高的原則，無論是世俗的權貴，還是神聖的權威，都不能代替真理，都不能折服人們對真理的追求。

就是這兩個原則的相互作用、相互補充，確保哈佛可以在一個偉大的譜系中繼往開來、傳承創造，不斷地推陳出新。這就是哈佛的魅力，它永久地激勵一代又一代年輕學子的渴望和夢想。

在哈佛大學成立兩百週年之際，哈佛校訓被簡化為「讓真理與你為友」。它被鐫刻在哈佛大學的校徽上，沿用至今，也一直被哈佛大學一代又一代的繼承者奉為金科玉律。

幾百年以來，哈佛大學正是在追求真理和勇於開拓的信念鼓舞之下，始終不遺餘力地引導學生為理想、為實現人生價值進行不懈的追求和奮鬥。正是在這種生生不息的精神薰陶之下，哈佛大學才得以在美國的知名大學中始終保持獨一無二的特色，進而造就一代又一代的社會精英，他們在各個領域中做出許多影響深遠的貢獻。

哈佛大學第十九任校長昆西曾經指出：「大學最根本的任務就是追求真理，而不是追隨任何派別、時代或是局部的利益。」哈佛學子威廉．詹姆斯在一九〇三年開學典禮致辭的時候說：「真正的哈佛是無形的哈佛，藏於那些追求真理、獨立而孤隱的（學生）靈魂裡……這所學府在理性上最引人稱羨的地方，就是孤獨的思考者不會感到那樣的孤單，反而可以得到豐富的滋養。」確實，在哈佛，真理被擺在一個非常重要的位置，求學的過程就是求真的過程，不斷地掌握知識、探索世界的過程，就是不斷接近真理的過程。

二〇〇〇年，美國哈佛大學遴選校長，卸任的總統柯林頓和副總統高爾被提名。但是哈佛很快就把這兩個人排除在外，理由是柯林頓和高爾可以領導一個國家，不一定可以領導一所大學，領導一流大學必須要有豐富的學術背景，柯林頓與高爾不具備這樣的條件。

後來，原本擔任美國財政部長、世界銀行首席經濟師、副行長薩默斯被選為新任校長，因為他在經濟學研究方面是一流的，是國際知名學者。雖然薩默斯最後被迫辭職，但完全是由於他個人的原因：他在管理方法和領導作風方面存在問題，導致他與同事的關係緊張，並且嚴重影響哈佛的團隊精神的發揚，於是哈佛的教授向薩默斯投下不信任票。

儘管薩默斯在財經界赫赫有名，但是在哈佛大學這個校園裡，他不能享有任何特權——這是哈佛精神的生動詮釋——反對特權、崇尚平等。無論他的身上有多少光環，只要他是哈佛人，就要傳承和發揚哈佛精神，如此一來，學生耳濡目染，才會深受其思想精髓的薰陶。

正是經過一代又一代的哈佛人對於優良傳統的秉承和不斷努力進取，哈佛追求真理的這個最初的思想，最終成為學校的傳統精神和培養哈佛精英的重要學術標準與道德標準。

真理成為哈佛大學的核心價值，它展現哈佛立校興學的宗旨——求是崇真；它強調作為一個高尚的人應該堅持自己認為正確的事情，應該追求真理，堅持原則。這是哈佛的執著，也是所有成功者的執著。對真理的執著更需要豐富的知識，知識使一個人更充實、更崇高，它可以影響一個人的內在，幫助開發潛能，讓一個人成為真正的勝利者。

英國一位年輕的建築設計師，很幸運地被邀請參加溫莎市政廳的設計。他運用工程力學的知識，根據自己的經驗，巧妙地設計只用一根柱子支撐大廳天頂的方案。

一年以後，市政府請權威人士進行驗收的時候，對他設計的一根支柱提出異議。他們認為，用一根柱子支撐天花板太危險了，要求他再多加幾根柱子。

年輕的設計師十分自信，他說，只要用一根柱子就可以保證大廳的穩固。他詳細地透過計算和列舉相關實例加以說明，拒絕工程驗收專家們的建議。

他的固執惹惱了市政府官員，年輕的設計師險些被送上法庭。在不得已的情況下，他只好在大廳四周增加四根柱子。但是，這四根柱子都沒有接觸天花板，其與天花板之間相隔了無法察覺的兩公釐。

時光如梭，歲月更迭，一晃就是三百年。

三百年的時間裡，市政府官員換了一批又一批，市政廳堅固如初。

直到二十世紀後期，市政府準備修繕大廳的天頂時，才發現這個秘密。消息傳出，世界各國的建築師和遊客慕名前來。最被人們稱奇的，是這位建築師當年刻在中央圓柱頂端的一行字：自信和真理，只需要一根支柱。

這位年輕的設計師就是克里斯托弗・雷恩，一個很陌生的名字。今天，可以找到的關於他的資料實在是微乎其微，但是在僅存的一點資料中，有一句他當時說過的話：「我很相信，至少一百年以後，你們面對這根柱子的時候，只會啞口無言，甚至瞠目結舌。我要說明的是，你們看到的不是什麼奇蹟，而是我對真理和科學的一點堅持。」

雷恩的這個「秘密」經由媒體披露以後，立刻引起世界各地建築專家的濃厚興趣，人們前往參觀考察，觀賞這四根奇異的柱子，並且把這座市政廳稱作是「嘲笑無知的建築」，同時戲稱雷恩是「弄虛作假」的高手。許多遊客慕名而來，在這四根柱子前拍照留念。當地政府對此也毫不掩飾，還在維修之後特意將大廳作為一個旅遊景點對外開放，並且向遊客介紹大廳的建築歷史，以及發現其中「秘密」的過程，旨在引導人們堅持真理，崇尚科學。

這個其實只有一根柱子支撐的市政廳是對無知最無情的諷刺，也是對真理執著追求的見證。年輕的設計師沒有向權威屈服，而是憑藉深厚的知識和經驗的累積，創造出這個奇蹟，證實自己對真理和科學的一點堅持。

一個人發現真理很難，在發現真理之後堅持真理更難，尤其是在別人無法認同的情況下。一個人要否決謬誤也很難，特別是在別人都相信那個謬誤是真理的時候。年輕的設計師憑藉對真理的執著追求，證實自己對真理和科學的一點堅持。哈佛長年以來形成一種學術標準，對真理的認真探索是這個標準的核心價值。

一個人，要有自己獨立的思想，不要人云亦云，盲從和謬誤不會帶來幸福，只有堅持真理，才可以幫助我們在自己的人生道路上走得更好更遠。

打開科學之門的鑰匙是獨立思考

獨立自主，不僅表示行動上的自立，而且表示思想上的自立，即凡事可以獨立思考。成績優異的學生大多善於思考，而且是獨立思考。所以，想要成為一位優秀的人，必須養成獨立思考的個性。

最早完成原子核分裂實驗的英國著名物理學家拉塞福，有一天晚上走進實驗室，當時已經很晚了，他的一個學生仍然趴在工作台上。

拉塞福問：「這麼晚了，你還在做什麼？」

學生回答：「我在工作。」

「你白天在做什麼？」

「我也在工作。」

「你早上也在工作嗎？」

「是的，教授，我早上也在工作。」

於是，拉塞福提出一個問題：「這樣一來，你用什麼時間來思考？」

這個問題問得真好！

拉開歷史的帷幕就會發現，古今中外有重大成就的人，在其攀登科學高峰的征途中，都是善於思考而且是獨立思考的。

據說，愛因斯坦狹義相對論的建立，經過了十年的沉思。他說：「學習知識要善於思考、思考、再思考，我就是依靠這個學習方法而成為科學家。」

達爾文說：「我耐心地回想或是思考任何懸而未決的問題，甚至花費數年時間也在所不惜。」

牛頓說：「思索，繼續不斷地思索，以待天曙，逐漸地見得光明。如果說我對世界有些微貢獻，那不是由於其他原因，只是由於我的辛勤耐久的思索所致。」他甚至這樣評價思考：「我的成功，應該歸功於精心的思索。」

著名昆蟲學家柳比歇夫說：「沒有時間思考的科學家（如果不是短時間，而是一年、兩年、三年），是一個毫無指望的科學家。他如果無法改變自己的日常生活制度，擠出足夠的時間去思考，他最好放棄科學。」

從這些名言中，我們不難得出一個道理：獨立思考，是一個人成功的最重要、最基本的心理特質。所以，養成獨立思考的特質是成為優秀人才的必備條件。一位教授強調：「要提高你的創造能力，就要培養自己獨立思考、刻苦鑽研的良好特質，不要人云亦云，讀死書，死讀書。」

一位學者指出：「人們只有在好奇心的引導下，才會去探索被表面遮蓋的事物的本來面貌。」好奇，可以說是創造的基礎與動力。牛頓、愛迪生、愛因斯坦等科學家都具有少見的好奇心，居禮夫人的女兒把好奇稱為「學者的第一美德」。

成功人士總是善於在人們視若無睹的大量重複現象中發現共同規律，特別注意反常現象而有所創造。漫不經心的人，不會注意那些新奇而有用的東西。縱觀所有的創造性人才，幾乎都有一個共同的特質，就是敢想、敢做、敢於質疑，遇事都要問為什麼。

巴爾札克認為：「所有科學之門的鑰匙都毫無異議地是問號，我們所有的偉大發現都應該歸功於疑問，生活的智慧大多是源自遇事都要問為什麼。」所以，我們必須有一個獨立思考的頭腦，做一個獨立自主的人。

多想一步，才可以多走一步

德謨克利特曾經說：「和自己的內心爭鬥是難堪的，但是這種勝利象徵著這是深思熟慮的人。」每個人都有一種不服輸的心理，希望自己可以在公司成為焦點，渴望成功，羨慕優秀的人。但是大多數的人，往往是思想的巨人，行動的侏儒，只能看到表面。其實，在優秀與平凡、成功與平庸之間，只是一步之遙。只在這一步之間到達終點的人，可謂鳳毛麟角。任何事情，我們只要多想一步，就有可能在山窮水盡處看到柳暗花明，進而走在別人的前面。

兄弟倆在野外旅行，夜幕降臨的時候，還沒有找到地方居住，只好摸黑前進。爬上一塊岩石，哥哥猛地向前走一步，一腳踩空，幸好弟弟及時抓住他。兩人推斷，這是一個懸崖。就在他們打算往回走的時候，後面的樹林中響起了狼嚎聲。兩人不敢退後，更不敢前進，準備在懸崖上過夜。

弟弟不死心，向下扔了一塊石頭，卻沒有聽到任何聲音。兩人更慌了，因為依靠經驗判斷，這個懸崖至少有幾千公尺深。兩個人提心吊膽，唯恐摔下懸崖，在岩石上瑟縮了一夜。終於熬到了天亮，兄弟二人才發現，他們坐在一塊距離地面不到半公尺的岩石上，弟弟向下扔的石頭落在旁邊如同海面一般的草地上。

故事中兄弟倆只要多走一步，就可以離開令人恐怖的石頭。可是，他們沒有邁出關鍵的一步，以致被困了一個晚上，真是可惜！

事實上，我們的思想有時候也會像兄弟倆一樣，被困在一塊石頭上。我們望了無數次月亮，卻沒有像哥白尼那樣考慮到天體運動；我們燒了無數次水，卻沒有像瓦特那樣發明蒸汽機。我們的思想猶豫在「石頭」的邊緣，卻沒有多想一步、多走一步。那些想了的、走了的人，就走在我們的前面，成為世人羨慕的成功者。

很多時候，只要比別人多想一步，這一步可能會決定我們一生的道路。多想一步可以錦上添花，讓自己走在別人的前面，少想一步有時候可能會貽害無窮。

愛迪生發明電燈泡，被譽為照亮人間的人。其實，愛迪生發明的燈泡，是在試過兩千多種材料以後才成功的。在他沒有發明燈泡以前，為什麼沒有一個人像愛迪生那樣多想一步？

從物理書上，我們看到牛頓的萬有引力定律時，不禁驚歎那是多麼簡單，任何一個人都可以輕易做到，但是我們為什麼沒有做到？有人說命運之神眷顧他，那顆幸運的蘋果掉到他頭上才使他有輝煌的成就，但是我們從小到大經歷了無數場雨，為什麼沒有人注意並且思考？

實際上，科學家們發現的很多理論與發明，不是依靠什麼尖端科技，而是存在於我們生活中司空見慣的東西。我們對於任何事物習以為常，是因為我們只考慮眼前，只想一步，科學家們總是比我們多想一步，所以他們永遠走在我們的前面。

多想一步，多走一步，就會距離成功更近一步。成功的大門有兩道，你發現它、思考它，比別人多想一步，就打開了第一道門；你研究它，比別人多走一步，就打開了第二道門。最終，你就可以獲得成功。所以，想要成功，就要習慣性地比別人多想一步，多走一步。

在沉著思考中，找到最佳答案

在現實生活中，我們應該學會沉著思考，冷靜地應對一次考試、一次面試、一次演講……遇事不沉著，憑藉自己的一時衝動，經常會誤了大事，甚至損人害己。

廉頗與藺相如的故事，相信每個人都聽過。

在戰國時期，秦國經常欺侮趙國。有一次，趙王派一個大臣的門客藺相如去秦國交涉。藺相如見了秦王，憑藉自己的機智和勇敢，為趙國爭得許多面子。秦王見趙國有這樣的人才，不敢再小看趙國。趙王看藺相如這麼能幹，就先封他為大夫，後封為上卿。

趙王這麼看重藺相如，趙國的大將軍廉頗氣壞了。他心想：我為趙國拼命打仗，難道功勞不如藺相如嗎？藺相如只靠著一張嘴，有什麼偉大的本領，地位卻比我還要高！

他越想越不服氣，怒氣衝衝地說：「我要是遇到藺相如，就要當面給他難堪，看他可以把我怎麼樣！」

廉頗的這些話，傳到藺相如的耳朵裡。藺相如立刻吩咐自己的門客，叫他們以後遇到廉頗手下的人，不要和他們爭吵。他自己坐車出門，只要聽說廉頗從前面來了，就叫馬車夫把車子趕到巷子裡，等廉頗過去了再走。

沒過多久，藺相如外出，遠遠看到廉頗，立刻掉轉車子迴避。藺相如的門客直言進諫：「我們離開親人來侍奉你，就是仰慕你高尚的節義。如今，你與廉頗官位相同，廉頗口出惡言，你卻害怕躲避他，你害怕得也太過分了，平庸的人尚且感到羞恥，何況是身為將相的人？我們這些人沒有出息，請讓我們告辭吧！」

藺相如心平氣和地問他們：「廉頗與秦王相比，哪一個厲害？」

眾門客說：「當然是秦王厲害。」

藺相如說：「對呀！我見了秦王都不怕，難道還會怕廉頗嗎？秦國現在不敢攻打趙國，就是因為國內文官武將一條心。我們兩人就像是兩隻老虎，兩隻老虎要是打架，難免有一隻會受傷，甚至死掉，就會給秦國造成進攻趙國的機會。你們想想，國家的利益重要，還是私人的面子重要？」

藺相如的門客聽了這一番話，非常感動，以後看見廉頗手下的人，都小心謹慎，總是讓著他們。

不久，藺相如的這番話，傳到廉頗的耳朵裡。廉頗慚愧極了，他脫掉一隻袖子，露著肩膀，背了一根荊條，直奔藺相如的家。藺相如連忙出來迎接廉頗，廉頗對著藺相如跪下來，雙手捧著荊條，請藺相如鞭打自己。藺相如把荊條扔在地上，急忙用雙手扶起廉頗，替他穿好衣服，拉著他的手請他坐下。

從此，藺相如和廉頗成為很好的朋友。兩個人一文一武，同心協力為國家辦事，秦國因此更不敢欺侮趙國。

正是藺相如暫時躲開「惹不起」的廉頗，分析當時的局勢，才讓他們最後重歸友好，並且齊心協力，共同輔佐趙王。

因此，我們在遇到各種事情的時候，一定要沉著鎮定，不能亂了方寸。只有保持鎮定、處變不驚，才可以理智地分析問題，找到解決的方法。對任何事情，學會沉著應對，認真思考，才可以找到一個滿意的答案，才可以抓住健康成長的時機。

第二章 以今日為起點

計畫百次，不如行動一次

每個人都生活在今天，因為昨天已經過去，明天還未到來。因此，怎樣把握今天，讓今天過得充實而有意義，是一個值得思考的問題。遺憾的是，很多人沒有認真地考慮這個問題，也沒有對今天做出任何規劃。

比爾・蓋茲說：「凡是將應該做的事情拖延而不立刻去做，想要留待將來再做的人總是弱者。有力量、有能耐的人，都會在對一件事情充滿興趣和熱忱的時候，就立刻迎頭去做。」

拖延是對生命的揮霍。所以，想要早日登上成功殿堂的人，就要根除拖延的壞習慣，真正地做到「今日事今日畢」，就會發現成功不是那麼困難。

利用零碎的時間來學習

哈佛教授經常這樣告誡學生：「如果你想要在進入社會以後，在任何時候、任何場合下，都可以得心應手並且得到應該有的評價，你在哈佛學習期間，就沒有曬太陽的時間。」在哈佛廣為流傳的一句格言是：「忙完秋收忙秋種，學習，學習，再學習。」

很多人對未來有各種各樣的想法，但是無論有怎樣的想法，都要確實地努力，而不是一味地夢想。夢想與現實的差距，取決於你的行動力。如果你不去實行，一切都只是泡影。若干年以後回想起曾經的夢想時，希望你擁有的是無盡的欣慰笑容，而不是因為蹉跎留下的悔恨淚水。

西奧多・帕克是美國家喻戶曉的人物，是經歷許多艱辛才取得讓人矚目的成就的典範。他刻苦學習，並且最終考上哈佛的那種精神，也激勵一代又一代的哈佛學子。

八月的一個午後，在萊辛頓的一個農場裡，西奧多・帕克小心翼翼地向他的父親請求：「爸爸，明天我想要向你請假一天。」

帕克的父親對兒子這個突如其來的請求感到驚詫不已，誰都知道現在是農場裡最忙的時節啊！兒子少工作一天，就有可能會影響農場的工作計畫。但是，帕克期盼而堅決的目光讓他不忍拒絕，何況他平時很少主動提出要休假。於是，父親爽快地答應他的請求。

第二天早上，帕克起床離開農場。他走了十英里崎嶇不平的山路，匆匆來到哈佛學院。原來，他那天要參加一年一度的新生入學考試。

帕克差不多從八歲開始就沒有真正上過學，只有在農場的工作相對清閒的冬天，他才可以抽出三個月的時間認真學習。在其他的時間，他只能趁著耕田或是做其他農活的時候，默默地背誦以前學過的課文，直到倒背如流。平時偶爾休息一兩天的時候，他就到處借閱書籍，因此獲得大量的知識。

有一次，他急需一本拉丁詞典，卻怎麼也借不到。於是，他在一個夏日的早晨，很早就跑到田野裡，採摘一大筐漿果，然後背到波士頓的市集上賣，用所得的錢買了一本拉丁詞典。

皇天不負苦心人，在哈佛的入學考試上，他順利地完成所有試題，並且第一個交卷。負責監考的老師聽說他是一個很少去學校的窮苦少年時，甚是驚奇，於是抽出他的試卷來看，然後笑容滿面地對他說：「小夥子，你很快就會收到錄取通知書。」

那天深夜，帕克拖著疲憊的身體回到家的時候，父親正在院子裡等他。「很好，孩子！」父親聽說他通過哈佛學院的入學考試時，高興地誇獎他，「可是，帕克，家裡的錢不夠供你到哈佛讀書啊！」

帕克說：「沒有關係，爸爸，我依然像往常一樣在家自學，不一定要住在學校裡，只要每次都可以順利通過考試，就可以獲得學位證書。」

剛開始，他確實是這麼做的。後來，他長大成人，自己存了一筆學費，正式到哈佛學院認真學習兩年，最終以優異的成績畢業。歲月更迭，時光流逝，當年沒有錢上學的男孩，最終成為一代風雲人物。

有些人的天分很好，但是一生卻無所作為，總是想盡一切辦法讓自己多休息、多享受，從來不思考怎樣讓自己更前進一步，時間長了，也就落後了。

我們都知道，滴水成河，積少成多，如果可以利用零碎的時間來學習，日積月累，最後就會有很大的收穫。

富蘭克林曾經說：「做得好，勝於想法好。」只有夢想而沒有行動的人，夢想永遠只是夢想。如果你渴望成功，如果你不甘平庸，及早地從夢中醒來吧！像哈佛的學生那樣抓緊分秒的時間學習，並且深刻地意識到流連於夢境對自己沒有任何好處，及時地醒來捧起書本，就可以成就自己的人生。

做喜歡的事情，永遠都不晚

世界上最長的是時間，最短的也是時間。說它長，是因為它永無止境；說它短，是因為它轉瞬即逝。很多人覺得時間不夠用，已經錯過利用時間的時機，很多事情來不及做，時間就已經過去了。

因此，他們經常為此感慨，覺得一切都來不及。但是他們不知道，有些時候，事情不像他們所想的那樣，很多覺得為時已晚的時候，正是最早的時候。

其實，只要你真的想做，只要你有做事的熱情，任何時候都不會晚。薩莫・雷石東（Sumner Redstone）的身上有一種力量，一種決心，一種不因為年老而放棄事業的勇氣。

美國《首映》雜誌於二〇〇一年四月十七日公布二〇〇一年好萊塢權力排行榜，高居排行榜榜首的是維康公司（Viacom）的創辦人——薩莫・雷石東。全國娛樂公司是維康公司的母公司，在美國、英國、南非擁有一千三百家電影院。維康公司已經有許多作品進入華語市場，並且大受歡迎，其中包括電影史上的經典名片《教父》、《阿甘正傳》、《第六感生死戀》、《鐵達尼號》。

雷石東曾經在哈佛大學拿到法學博士學位，然後在第二次世界大戰的時候，又因為破解敵方密碼，成為那場戰役中的英雄人物。他完全依靠個人奮鬥，從一個普通人變成全球排名第十二的富人。六十三歲的時候，他開始建立自己的娛樂王國。二〇〇一年，他收購美國三大廣播公司之一的CBS，進而打造出世界最大的娛樂公司。

在接受電視台記者採訪的時候，雷石東說：「我對法律和娛樂業一直很感興趣。我想，不管你做什麼工作，擁有積極的態度很重要。要非常努力地工作，要有非常強的信念，做事的時候還要力求完美，要努力做到最好，要有足夠獲勝的信心。不管你從事什麼行業，這一點非常重要。」

記者問：「你為什麼會有勇氣，在六十三歲退休以後，決定建立一個龐大的娛樂帝國？」

雷石東幽默地回答：「誰說我六十三歲？我才二十歲嘛！實際上，年齡不是很重要，重要的是你工作的時候對自己做的事情是不是感興趣，是不是讓你活力十足，你對自己是不是有信心，這一點才是關鍵。」

在雷石東看來，只要你有努力的熱情，任何時候都不會是為時已晚。

被問及成功經驗的時候，雷石東說：「看準目標，不斷進取，就是這麼簡單。我無法想出其他的答案。」

生活中，很多事情都是這樣，如果你願意開始，認清目標，打定主意去做一件事情，全力以赴，堅持不懈，即使你只有一息尚存，也永遠不會晚。

安曼之前是紐約港務局的一位工程師，工作多年以後，他按照規定退休了。剛開始，他很不習慣，內心覺得很失落。但是很快，他又高興起來了，因為他突然有一個很好的想法——創辦一家自己的工程公司，然後把辦公室擴展到世界各地。

從此，安曼重新忙起來了。他開始逐漸地實行自己的計畫，他負責設計的建築遍布世界各個角落。他自己也沒有想到，竟然會在退休以後的三十多年裡，實踐自己在過去的職業生涯中不曾嘗試過的大膽和新奇的設計理念，進而不斷地創造許多讓世人矚目的經典：

衣索比亞的阿迪斯阿貝巴機場、華盛頓杜勒斯機場、伊朗高速公路系統、賓夕法尼亞州匹茲堡市中心建築群……這些作品被大學建築系和工程系教科書當作範例展示給學生們，也是安曼偉大夢想的見證。八十六歲的時候，他完成自己畢生的最後一個作品——紐約韋拉札諾海峽大橋，這也是當時世界上最長的懸體公路橋。

在安曼看來，舊的結束等於新的開始。只要你有努力的熱情，任何時候都不會是為時已晚。

無論什麼時候，只要找到自己的興趣，所有的時間就是在享受生命。歲月不會催人老，一個人不管年紀多大，都可以做一些事情來增加生活的情趣。

人生不只是從呱呱墜地時開始的，無論是少年、青年，還是壯年、暮年，每個年齡層都有它的美麗和迷人。只要確定一個奮鬥目標，並且著手去做，就是一種開始，一種出發，永遠也不會太晚。

時間永遠不會等人

在哈佛人的心中，時間是最不能浪費的。他們把時間視為自己的第一資源，認為沒有一種不幸可以與失去時間相比，因此他們做事從來不拖延。已經決定的事情拖延著不去做，會對我們的人生產生不良的影響。

一位畢業於哈佛的商業鉅子在談到自己的成功秘訣時，只說了四個字：「現在就做。」確實，很多人習慣於等待，習慣於拖延，習慣於在自己認為適合的時間做事。但是，時間是殘酷的，不會因為你的等待就多陪伴你一會兒，無論你怎樣挽留，它也不會停下前進的腳步。

記住塞繆爾．斯邁爾斯的話：「妥善利用時間是非常重要的，一天的時間如果沒有妥善地規劃，就會白白浪費掉，就會消失得無影無蹤，我們就會一無所成。」

哈佛大學人才學家哈里克曾經說：「世界上有九三%的人，因為拖延的惡習而最終一事無成，這是因為拖延會殺傷人們的積極性。」

哈佛的學生對於時間是極為重視的，他們入校以後就接受時間管理的觀念，在他們的生活中，無論是學習還是做事，都是以效率為先，不會讓時間白白流走。他們的頭腦接受的是一種思想：時間對於人類的意義大小，取決於我們怎樣合理和充分地利用它。對於智者來說，它是偉大的祝福，可以使智者的生命和精神走向永恆；對於愚者來說，它是無窮的禍患，為愚者留下的是綿綿無盡的悔恨和無可挽回的損失。因此，哈佛人認為，只要是有理想、有目標的人，都可以很好地把握時間，讓時間的效用得到最大限度的發揮。

大衛・洛克菲勒，銀行家、企業家，「石油大王」洛克菲勒的孫子。他出生於紐約市，從一九三九年開始，總共獲得包括哈佛大學在內的九所大學的博士學位，當過市長秘書，服過兵役，一九四六年到銀行工作，依靠自己的勤奮，成為出色的銀行家。

大衛・洛克菲勒在自己的博士論文中明確指出，懶惰是「最嚴重的浪費」，不允許這種事情發生在自己的身上。他對時間有嚴格的規劃，在某個時間應該做的事情，會被清楚地標示在他的記事本上。而且，尤為重要的是，大衛是循規蹈矩地按照這張時間表做事。「有時候，我懷疑這個小子是不是有分身術。」他的一位同事說，「一個人怎麼可能如此輕鬆地做這麼多事情？簡直不可思議，也許我應該試試他的方法。」

成功者一定要妥善地規劃工作和時間，並且嚴格地遵守規劃。一個沒有明確可行計畫、做事走一步看一步的人，就像一艘沒有方向隨波逐流的船，遲早會觸礁擱淺。

時間在流逝，在你不經意間從你的面前消失。如果你有心抓住，它就可以為你服務；如果你對它視而不見，任其流逝，最終什麼也得不到。

美國前副總統亨利・威爾遜出生在一個貧苦的家庭，他還在搖籃裡牙牙學語的時候，貧窮已經向他露出猙獰的面孔。威爾遜在十歲的時候就離開家，在外面當了十一年的學徒，每年只能接受一個月的學校教育。

但是，即使是在如此艱難的條件下，威爾遜也堅持讀書學習。他節省每一個硬幣，除了必要的生活開銷，剩下的錢都用來買書。他抓緊所有機會學習，只要有可能，他就可以讓自己從中學到東西。

就這樣，在他二十一歲之前，他已經讀過一千本書。對一個農場裡的孩子來說，這不是一件容易的事情。在離開農場之後，他徒步到一百英里之外的麻薩諸塞州的內蒂克學習皮匠手藝。

在度過二十一歲生日以後的第一個月，他帶著一隊人馬進入人跡罕至的森林，在那裡採伐圓木。威爾遜每天都是在天際的第一抹曙光出現之前起床，然後辛勤地工作，直到星星出來為止。

無論身處怎樣艱苦的環境，威爾遜一直告訴自己，不讓任何一個發展自我、提升自我的機會溜走。確實，很少有人可以像他一樣，深刻地理解閒暇時光的價值。他就像抓住黃金一樣，緊緊地抓住零碎的時間，不讓一分一秒的時間無所作為地從指縫之間溜走，最終取得輝煌的成就。

時間在流逝，所以我們要把握住擁有的每一分鐘。我們要在有限的時間內，做出有效率的事情。我們要不斷學習，不斷鍛鍊，讓自己的能力再提升；我們要感到時間的緊迫和生命的短暫，讓每分每秒過得有價值。記住哈佛的教誨：時間不會等著你，只有珍惜時間的人，才可以佔據主動地位。

今天的事情，今天就做完

富蘭克林曾經說：「把握今日，等於擁有兩倍的明日。」莎士比亞也說過：「在時間的大鐘上，只有兩個字——『現在』。」所以，無論是誰，都應該永遠珍惜眼前的一分一秒，認真著眼於現在，因為沒有現在，也就沒有未來。

我們要珍惜今天，把握今天，就要珍惜每分每秒。組成時間的材料雖然看起來微小，但是卻有各自不同的意義。這些看起來微不足道的時間，可以實現你的想法，也可能毀掉你的計畫甚至理想。

凱撒大將由於收到報告以後沒有立刻閱讀，拖延了片刻，最終失去自己的性命。

當時，翠登的司令拉爾叫人送信向凱撒報告，華盛頓已經率領軍隊渡過德拉瓦河。

但是信使把信送到凱撒手中的時候，他正在和朋友們玩牌，就把那封信放在自己的衣袋裡，並且說等牌玩完之後再閱讀也不遲。

這個「不遲」就是他死亡的先行兵，他讀完信之後，深知大事不妙，但是等他召集軍隊的時候，一切都已經來不及了。正是片刻的延遲，導致全軍被俘，以至於自己的性命也喪失在敵人的手中。正是數分鐘的延遲，使他失去榮譽和生命。

珍惜眼前的每分每秒，最重要的就是不要看遠方模糊的事情，而是做手邊清楚的事情。瑞士著名教育家裴斯泰洛齊說：「今天應該做的事情沒有做，明天再早也是耽誤了。」我們都知道「今日事今日畢」，但是現實生活中可以真正做到這一點的人卻是少之又少。很多人都在有意或是無意地將原本應該當天完成的事情拖到第二天，發現要做的事情又增加許多，於是又將其中的一些事情拖到第三天。這樣以此類推，發現自己總是有做不完的事情，於是心煩氣躁，卻也無可奈何。

他們抱怨自己的時間不夠用，卻不知道是自己的拖延造成事情越積越多的結果。不斷地拖延，讓他們在奔往理想的道路上逐漸後退，最終無法到達它的身邊。如果把握當下的時間，把握今天有效的時間完成想要做的事情，成功的到來也就指日可待了。

安東尼・吉娜是紐約百老匯中頗負盛名的演員之一，說起她的成名之路，主要得益於她的及時行動。幾年以前，吉娜只是大學藝術團的一個普通的歌劇演員，可是那個時候她就向人們展示自己美麗的夢想：畢業以後不急著找工作，而是去歐洲遊歷一年，然後成為百老匯舞台上優秀的女主角。

吉娜的心理學老師聽說她這個想法以後，第二天就找到她，向她提出一個尖銳的問題：「你遊歷一年以後去百老匯跟畢業以後直接去有什麼區別？」

吉娜認真思考老師的疑問，豁然開朗：「是呀，去歐洲旅遊無法幫我爭取到去百老匯工作的機會。」於是，吉娜說她會在一個月以後去百老匯闖蕩。

此時，老師繼續追問：「你現在去跟一個月以後去又有什麼不同？」

吉娜說自己需要準備好以後再出發，老師卻不斷緊逼：「你需要的所有生活用品都可以在百老匯買到，為什麼要等到一切準備就緒再出發？那些東西，你可以到百老匯再準備啊！」

最後，吉娜說：「好，我明天就去。」老師讚許地點點頭，說：「我立刻幫你訂明天的機票。」第二天，吉娜如期飛赴紐約百老匯。湊巧當時，百老匯的一位知名製作人正在醞釀一部經典劇碼，來自世界各國的幾百個演員前去應徵女主角。

吉娜費盡周折地從一個化妝師的手裡提前拿到劇本，之後的兩天，吉娜閉門苦讀，悄悄演練。初試那天，吉娜果然以精心的準備脫穎而出，順利地進入百老匯，穿上她演藝生涯中的第一雙紅舞鞋。

在哈佛的理念中，時間是最公平的，不會因為你財富充裕而多給你一分，也不會因為你物質匱乏而少給你一秒。**對此，英國生物學家赫胥黎曾經說：「時間最不偏私，給任何人都是二十四小時；時間也最偏私，給任何人都不是二十四小時。」**

大多數的成功者都知道一句話：「拖延等於死亡。」美國商人阿莫斯・勞倫斯說：「事情成功的秘訣在於形成立刻行動的好習慣，這樣才會讓自己站在時代潮流的前列。另一些人的習慣是一直拖延，直到時代超越他們，結果他們就被甩到後面了。」

在世界上那些最容易做的事情中，拖延時間最不費力。拖延是對生命的揮霍，解決拖延的唯一方法就是「今日事今日畢」。你開始著手做事——任何事情，就會驚訝地發現，自己的處境正在迅速地改變。

充分利用每分鐘做事

著名作家葉聖陶曾經說：「培育能力的事情必須繼續不斷地去做，又必須隨時改善學習方法，提高學習效率，才會成功。」

抓住做事的每一分鐘，就是要充分利用時間，提高工作效率，發揮每一分鐘的價值，而不是僅僅抓住時間，時間掌握了，但是效率沒有提升。

一個渴望成功卻總是受挫的年輕人向著名教育學家班傑明求教，兩個人約好見面的時間和地點。那個年輕人如約而至的時候，發現班傑明的房門已經敞開，可是裡面的景象卻完全不是他想像中乾淨整潔的模樣，反而是亂七八糟、一片狼藉。

不等年輕人開口，班傑明就對他說：「你看看我的房間，真是太不整潔了，請在門外稍等一分鐘，我收拾一下，你再進來吧！」一邊說著，一邊輕輕地關上房門。

一分鐘還沒有過完，班傑明重新打開房門，並且熱情地將年輕人引到客廳。此時，映入年輕人的眼簾的是另一種景象——房間內的一切已經變得井然有序，茶几上有兩杯剛倒好的紅酒，在淡淡的香氣裡蕩漾著微波。然而，沒有等年輕人把自己滿腹的關於人生和事業的疑問拋出來，班傑明就非常客氣地拿起酒杯說：「喝完這杯酒，你就可以走了。」

年輕人手持酒杯，一下子愣住了，尷尬又遺憾地說：「可是，我還沒有向你請教……」「難道我做的這些示範……還不夠嗎？」班傑明一邊微笑著掃視自己的房間，一邊輕言細語地對他說，「自從你進來，時間又過了一分鐘。」

「一分鐘……一分鐘……」年輕人若有所思地說，「我明白了，一分鐘可以做很多事情，也可以改變很多事情，謝謝你。」班傑明放心地笑了。年輕人把杯子裡的紅酒一飲而盡，開心地離開了。

做事要提高效率，對於我們來說，學習也是如此。抓住每一分鐘學習，不如抓住學習的每一分鐘。清醒的時候不玩，糊塗的時候不學。學生們應該把握課堂上五十分鐘，盡可能地提高學習效率。學生們的學習確實很緊張，但是也要有時間放鬆，必須分清主次和場合，把學習用到應該用的時間和地方上，上課的時候跟隨老師的思路。老師在課堂上講述的都是精華部分，注意力一定要高度集中，稍不留神，就會錯過精彩的部分。如果課後再問同學，比不上跟隨老師的思路記憶牢固、印象深刻。

所以，我們應該記住：學要拼命地學，玩才可以盡情地玩。否則學不好，玩不好，時間花費不少，最後得不償失。

第三章 以學習為己任

求知是我們畢生的使命

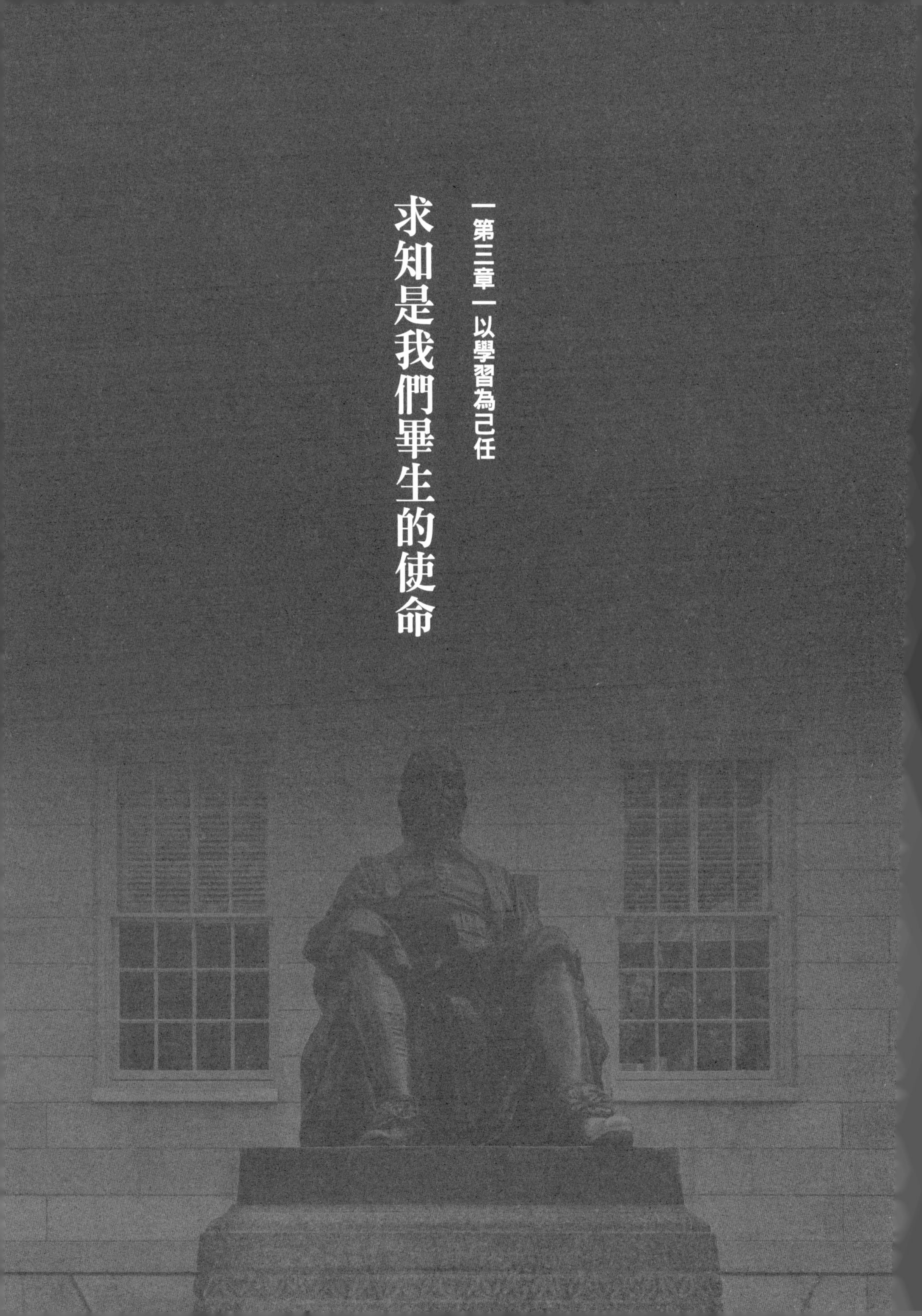

「書山有路勤為徑，學海無涯苦作舟。」在很多人看來，學習是一件苦事。家長在教育孩子的時候，也會經常強調，「吃得苦中苦，方為人上人」。然而，孔子卻說：「知之者不如好之者，好之者不如樂之者。」

美國知名教育學者丹尼斯．喬登博士，曾經寫過一本書《樂哉！學習》。書中闡述：「其實，學習不像人們想像的那麼可怕，也不是一個枯燥無味的過程。」他提倡學習需要一種兒童般的「天真無邪」的感覺。只要融入學習，誰都會找到快樂。

學習不是缺少時間，而是缺少努力

在哈佛，看不到偷懶投機的人。哈佛的教授告訴學生們：「生命的意義不僅僅是活著，而是要為這個世界做出一些什麼，留下一些什麼。」他們認為，想要有所成就，就要勤奮，就要努力。學習這件事情也是一樣，不是缺少時間，而是缺少努力。很多人會說：「我是真的想要學習，但是我沒有時間。」其實，真的想要學習，想要有所成就，時間根本不是問題，問題在於：你是否為自己的想法付出努力？

不管你怎樣強調時間不夠用，真正的決定要素都是你的努力程度。談到努力，哈佛教授弗雷德・施韋德是這樣說的：「任何人都要經過努力才會有收穫。收穫的成果取決於你努力的程度，不要總是幻想機緣巧合這樣的事情發生。天分、才能、富有、智慧的獲得，都是依靠勤勉得來的。勤勉才可以表現你的思想，才可以幫助你達到目標，才可以實現你的理想。」

季辛吉出生在德國菲爾特一個書香門第的家庭，父親是一位中學教師。一九三〇年代，希特勒納粹份子瘋狂地虐殺猶太人。十五歲那年，季辛吉跟隨家人流亡到美國。二十歲的時候，他加入美國陸軍，在戰場上迅速地成長。由於他會說流利的德語，加之他的才華，在部隊中很快得到賞識和提拔。

退伍之後，季辛吉沒有感到滿足，想要回國接受第一流的教育，於是他進入哈佛大學。

在哈佛大學，他遇到威廉・揚德爾・艾略特。威廉・揚德爾・艾略特在政府學系是一位泰斗式的人物。季辛吉第一次見艾略特教授的時候很緊張，他懷著崇敬的心情走進艾略特的辦公室。艾略特正在奮筆疾書，見到進來的是一個大學生，頗為不耐煩，很不情願地停住筆，開出一長列書名給季辛吉，共有二十五本，讓他回去細讀，再寫一篇讀書報告，分析比較德國哲學家康德的兩部專著《純粹理性批判》和《實踐理性批判》有何不同。艾略特讓季辛吉完成讀書報告之前不要再來找他。第一次見面，教授三言兩語就把學生打發了。

季辛吉沒有氣餒，他從圖書館借回那批厚書以後，一本一本認真地閱讀，每天都讀到凌晨兩點。三個月以後，季辛吉完成讀書報告，早上將報告送到艾略特的辦公室。當天下午，季辛吉就接到艾略特打到學生宿舍的電話。老教授對季辛吉極為讚賞，因為從來沒有學生讀完這二十五本書，更沒有人寫過這樣條理清楚的讀書報告。從此之後，艾略特將季辛吉視為最得意的弟子，精心栽培。

在哈佛，季辛吉深知自己既非名門出身，又無多少家產，想要謀求發展，唯一的方法就是用知識充實自己，所以他在哈佛的時候是一個「兩耳不聞窗外事，一心唯讀聖賢書」的學生。季辛吉讀書的時候幾乎每科優秀，畢業論文不僅篇幅長，內容也廣泛得驚人，從哲學家康德、黑格爾談到歷史學家史賓格勒，再到詩人但丁、荷馬、米爾頓。於是，哈佛大學立刻頒布一條校規，將大學畢業生論文的篇幅限制在一百三十頁左右。

季辛吉對於學習的全心投入，終於使他成為美國著名的政治學家，一度成為美國對外政策方面最有話語權的人物，以及美國政府中的第二號最有權勢的人物。

想要學習，就要努力。努力的表現形式有很多，最主要的是堅持不懈。但是，不能以為只要付出一定的時間就表示努力了，還有一個如何堅持的問題。用心堅持才是真正的努力，如果只是機械地付出，覺得只要在什麼時間做出什麼事情就可以了，不管真正達到的效果如何，這種堅持是無謂的堅持，是自欺欺人，是絕對不可取的。經常聽到很多人說，要努力學習，無論什麼時候看見他們，都會發現他們在埋頭苦學，時間用了不少，但是效果不理想，這是為什麼？很大的一個原因就是在於沒有用心。我們的努力不僅要表現在表面行動上，更要表現在心裡。

任何成功都不是輕易就可以獲得的，需要不斷地努力，需要艱辛地奮鬥。如果你貪圖安逸，不願意為之付出，遲早會為此付出代價。反之，如果你可以克服重重阻礙，不斷向前，就可以得到成功的青睞。

保持終身學習的習慣

「祈禱，然後去學習。」這是哈佛大學第二任校長鄧斯特時常掛在嘴邊的一句話。

我們都希望自己的人生多姿多彩，但是不管你的生活內容怎樣豐富，有一點你不能忘記，那就是學習。也許你會覺得這個話題很陳舊，但事實就是如此。雖然學習不是人生的全部，但是沒有學習，你的生活將是一片空白。如果你連學習都無法征服，就無法讓自己的人生更精彩。保持學習的習慣，可以讓我們的生活更充實，更有意義。

其實，學習應該是貫穿生命始終的事情，即使它不是我們人生的全部，但是我們確實離不開它。沒有學習，我們就無法感知周遭的變化，無法與時代一起前進。**偉大的生理學家巴夫洛夫成就斐然，人們讚歎他的聰穎和智慧的時候，他說：「從一開始工作，就要在積聚知識方面養成嚴格的循序漸進的習慣。」**

每個人的手裡都掌握著使自己獲得幸福和偉大的工具，想要讓自己更幸福、更偉大，最主要的就是在於改變能力，改變能力的關鍵在於學習。也就是說，學習是使命運得到改變的重要方法。

值得一提的是，在哈佛的理念中，沒有「畢業」這個說法。很多哈佛人都認為，學習是時代的第一選擇。**對此，柯比教授在《學習力》中說：「形式上的學習生活雖然結束了，但是你一輩子還是學生。不到生命和世界告別的時候，真正的學習生活是不會結束的，也不應該結束。」**

哈佛第二十七任校長薩默斯也曾經提到，在知識更實用化的今天，學生們面臨很多挑戰，因此應該保持持續和廣泛學習的習慣。

有一個知識折舊定律告訴我們，一年不學習，你擁有的全部知識就會折舊八〇%。今天的知識，已經不是呈現算術級數增長，也不是呈現幾何級數、指數級數增長，而是像核分裂般爆炸式的增長，所以更要堅持不斷地學習。

學習不是娛樂，不是放鬆，而是一個單調、辛苦的過程。在學習中，需要頑強的毅力來克服其中遇到的困難，需要抵禦外界的誘惑來靜心投入。對你來說，這也許是一個考驗，但是正如我們之前所說，學習的痛苦是暫時的，相比它帶給你的回報而言，這些痛苦真的不算什麼。況且，如果你想要讓自己的生活有所改變，想要讓自己再前進一步，就毫無選擇地需要學習。

汽車大王福特年少的時候，曾經在一家機械商店當店員，週薪只有二•〇五美元，但是他每個星期都要花二•〇三美元買機械方面的書籍。他結婚的時候，除了一大堆五花八門的機械雜誌和書籍，其他值錢的東西一樣也沒有。就是這些書籍，使福特向自己嚮往已久的機械世界邁進，開創出偉大的事業。

功成名就之後，福特曾經說：「對年輕人而言，學到將來賺錢必需的知識與技能，比累積財富來得重要。」

你現在擁有什麼不重要，你的學習能力、學習態度才是重要的。我們不得不承認，哈佛的學習氛圍相當濃厚。學生們為了學習可以廢寢忘食，可以忘掉一切。在他們的眼中，學到一定的知識和技能是最大的幸福，那種當時認為的枯燥無味都會隨著學習的成效而消解。

在競爭激烈的今天，每個人都感覺到一種危機、一種緊迫，很多人在這種壓力之下，失去曾有的熱情，越來越感到力不從心。他們以為這是自己的年齡變大的緣故，然而事實並非如此。羅曼．羅蘭曾經說：「成年人慢慢被時代淘汰的最大原因，不是年齡的增長，而是學習熱忱的減退。」儘管如此，我們也不能逃避現實，想要讓自己更好地生存，就要不斷地學習。用學習來充實自己，用知識來武裝自己，只有這樣，才可以在激烈的生存競爭中，找到自己的立足之地，並且讓自己站得更穩。

知識和技能是唯一可以隨身攜帶、終身享用不盡的資產。如果你連最基礎的知識也無法掌握，要依靠什麼去掌控你的命運？

採取自己喜歡的學習方式

生活常識告訴我們，如果一個人長期做自己不喜歡的事情，就會感到壓抑和痛苦，甚至會越來越討厭所做的事情。相反地，如果是做自己喜歡的事情，不僅會在當時感覺愉快，而且還會越來越喜歡。

學習也是如此，如果我們可以用自己喜歡的方式學習，不僅可以在學習期間有愉快的心情，而且還有可能對學習產生濃厚的興趣，越來越喜歡學習。

當前，知識更新的速度日漸加快，時代對我們提出越來越嚴格、越來越多樣化的學習要求。今日學習的成敗，不僅取決於是否勤奮、刻苦、耐力，以及花費的時間和精力的多少，更取決於是否可以找到適合自己的學習方法。

哈佛大學優等生、美國第一位諾貝爾化學獎得主理查茲說：「最有價值的知識，是

關於學習方法的知識。」就像有些運動員一樣，他們不會完全按照書上要求的「正確姿勢」來鍛鍊，而是利用最適合自己的姿勢去鍛鍊，最後反而獲得冠軍。我們的學習也是一樣，如果只知道循規蹈矩、按部就班地依照那些所謂的「最好的」方法來學習，效果反而可能會比較差。

用自己喜歡的方法學習，是提高學習能力的重要環節。幾十位哈佛大學畢業的著名人士認為，學習時最重要的，就是用自己最喜歡的方法學習。**法國著名生理學家貝爾納也深有感觸地說：「適合我的方法可以使我發揮天賦與才能，不適合我的方法可能阻礙我才能的發揮。」**由此可見，用自己最喜歡的學習方法可以使學生在知識的密林中，成為手持獵槍的獵人，獲得有效的進攻能力和選擇獵物的餘地。

不知道你有沒有這種感覺，你試圖採用自己不喜歡的學習方法學習的時候，就像是在逆風中行走，非常不自在。有些人會因此而逃離課堂，有些人會感到十分疲倦，有些人甚至會覺得自己是一個笨拙的學習者。

你知道自己最喜歡的學習方法並且運用它的時候，你學習的過程就像在順風行走，非常順利和愜意。運用你最喜歡的學習方法學習可以提高你的腦力，使學習的過程變得非常輕鬆，效率也會大幅提高。

我們在實際學習中也有所體驗——有些人喜歡獨自一個人學習，有些人在群體中會學習得更好；有些人喜歡坐在椅子上學習，有些人喜歡躺在床上或是地板上學習；有些人喜歡在比較自由的情形下學習，不喜歡墨守成規，需要多一些自由選擇的機會，例如：自己決定學習什麼、從哪裡開始學習；有些人喜歡在按部就班的情形下學習，需要老師或是家長告訴他們每一步應該怎麼做。

在這些學習方法中，哪一個才是最好的？

答案不是絕對的，只要是你喜歡而適應的，就是最好的。學習是個人行為，必須採取自己最喜歡的方法。

因此，我們平時要善於利用自己最喜歡的方法進行學習，如果你喜歡看電影或是電視，就從影像資料中學習；如果你喜歡看報紙或是雜誌，就從閱讀中學習。

但是，你必須牢記一點：一定要將這種方法和自己所學的課程互相聯繫起來。

最後，提供一些建議：

一・不要盲目追求那些所謂的「快速學習法」或是「超級學習法」。其實，最重要的學習技巧，就是善於利用自己最喜歡的模式。

二・只有運用自己感覺最適合、最有興趣的方法去學習，才可以把自己從學習中真正「解放」出來，進而極大地提高學習效率。

低頭學習，才可以進步

我們的成長過程是不斷學習的過程，虛心向別人學習更是我們成才的必要途徑。美國有一項統計發現，一半以上的諾貝爾獎得主，都曾經跟隨名師學習，而且跟隨高明老師學習的人比跟隨一般老師的人獲獎時間平均提前七年。

著名科學家湯木生在《馬克士威》一書中說：「要逐步地跟隨一個偉大的研究家，沿著不僅由他自己發現的，也沿著由他引起別人發現的道路走下去，那就容易多了。」

生物學家漢斯・克雷布斯在獲得諾貝爾獎之後也回憶道：「如果捫心自問，我怎麼會有朝一日來到斯德哥爾摩，我毫不懷疑自己之所以有這個幸運的機會，要歸功於我在科學生涯的關鍵階段裡有一位傑出的老師——奧托・瓦爾堡樹立一個第一流研究的方法和品格的榜樣。如果沒有他，我可以確定，我永遠不會達到作為諾貝爾獎金委員會考慮的前提的標準。」

「名師出高徒」的現象到處可見：中國數學家熊慶來——華羅庚——陳景潤即為一例；卡文迪許實驗室中，都獲得諾貝爾獎的瑞利——湯木生——拉塞福——波耳師徒四代又是典型的一例。但是要尋得高師，不僅要仰慕和尊重自己的老師，還要取得老師的信任和讚賞，否則師生不能同道，苦尋也是無望。

虛心向老師求教，重點不是學習老師的知識，而是學習老師的治學之道、思考方式，特別是其解決問題的方法。學習並非死守教條、墨守成規，更不是絲毫不差、絕無二致，而是要在繼承的前提下走出創新之路，做到「青出於藍而勝於藍」。

除了向名師學習以外，向同輩人學習也是我們增長知識的一個途徑。同輩人的成功，往往可以對自己形成一種壓力，如果可以正確對待，見賢思齊，就可以從中獲得激勵，進而奮起直追，促使自己成功。

被譽為世界「短篇小說之王」的法國著名作家莫泊桑，在看到與自己同時代的俄國著名作家列夫·托爾斯泰的《伊凡·伊里奇之死》以後，感慨萬分地對朋友說：「我發現自己的所有活動都毫無意義，我那十卷書也完全算不了什麼。」

正是莫泊桑這種謙虛謹慎、見賢思齊的態度，使他在文學上獲得極大成功。

見賢思齊，也表示同輩人的相互理解、相互支持、相互幫助。

達爾文在環球考察之後，投入寫作《物種起源》的工作。但是他寫到第十章的時候，收到遠在馬來群島的華萊士的一篇論文。此篇論文不謀而合地提出「自然選擇」的觀點，使達爾文極為震驚。

可是此時達爾文想到的不是對方可能捷足先登，成為進化論的創始人，而是滿懷喜悅，希望優先發表華萊士的論文。後來經由一些學者勸告，他才決定與華萊士同時發表論文。

見賢思齊的敵人是嫉妒和猜疑。黑格爾認為，嫉妒是「平等的情調對於卓越才能的反感」；「有嫉妒心的人，自己無法完成偉大的事業，於是就會去低估別人的偉大，貶抑別人的偉大，使之與別人相齊」。

可見，嫉妒心使人們無法見賢思齊，更不可能激勵人們去增長知識，反而把有限的精力用於議論和詆毀別人，於人於己均是有百害而無一利，所以我們要有一顆謙虛的心，向別人學習。

教育程度越高，收入越豐厚

俗話說：「知識改變命運。」我們已經進入知識型社會，無論從哪個角度說，知識都可以為你帶來好處，收入就是最明顯的表現。持有高等學位者更容易身兼要職，在某個領域做出傑出貢獻。

哈佛大學是美國最古老、最著名的大學。哈佛大學創建三百多年以來，為美國以及世界培養無數的政治家、科學家、作家、學者。迄今為止，有八位美國總統出自哈佛，分別是約翰・亞當斯、約翰・昆西・亞當斯、拉瑟福德・海斯、狄奧多・羅斯福、富蘭克林・羅斯福、約翰・甘迺迪、喬治・沃克・布希、巴拉克・胡笙・歐巴馬。哈佛出身的著名人文學家、作家、歷史學家有亨利・亞當斯、約翰・帕索斯、拉爾夫・愛默生、亨利・梭羅、亨利・詹姆斯，心理學家威廉・詹姆斯，新聞記者沃爾特・李普曼、約瑟夫・艾爾索普也是出自哈佛。

著名天文學家班傑明・皮爾斯、化學家西奧多・理查茲、地質學家納撒尼爾・謝勒也是出自哈佛。已經有數十位哈佛畢業生獲得諾貝爾科學獎金。亨利・季辛吉不算在內，因為他獲得的是諾貝爾和平獎金，記入在政府官員的史冊。美國前總統雷根的內閣成員中，國防部長溫伯格、財政部長唐納德・雷根、運輸部長路易斯，都是哈佛大學的畢業生。世界首富比爾・蓋茲也曾經在哈佛讀書。曾經擔任美國總統的喬治・布希、副總統高爾、菲律賓總統艾羅育都曾經有在哈佛大學求學的經歷。

根據資料顯示，美國五百家最大財團中，有三分之二的決策者來自哈佛。美國《財富》雜誌的調查顯示，美國五百家最大公司的高層管理人員中，有二〇%左右畢業於哈佛商學院，這些精英活躍在各家公司的總裁、總經理、董事長等顯赫位置上。許多人將哈佛商學院的ＭＢＡ證書，看作是進入企業高級管理階層的通行證。哈佛商學院是美國培養企業人才的最著名的學府，被美國人稱為是商人、主管、總經理的西點軍校，美國許多企業家和政治家都在這裡學習過。哈佛工商管理碩士學位成為權力與金錢的象徵，在今天，報讀哈佛MBA，已經成為當代青年精英追求的夢想。

哈佛商學院是一個製造「職業老闆」的「工廠」，哈佛MBA的每個人都瘋狂地關心企業的成長和利潤，他們有極強的追求成功的衝動，他們是商業活動中的職業殺手。哈佛MBA的平均年薪可達十萬美元以上，以致美國人指責MBA的第一個缺點就是他們的身價太高。

根據聯邦普查局公布的最新調查報告顯示，成年人收入的差距反映出學歷的高低，持有高等學位者的收入比沒有高中學歷的人高出四倍。

資料顯示，十八歲或是以上的成年人，持有碩士或是博士學位的人，平均年收入為七萬九千九百四十六美元，沒有完成高中教育的人，年收入只有一萬九千九百一十五美元。還有資料顯示，美國持有學士學位者的平均年收入為五萬四千六百八十九美元，高中畢業者的年收入只有兩萬九千四百四十八美元。

在世界上，受教育程度與收入呈現正比的趨勢也越來越明顯。例如：在紐西蘭，受教育程度越高的人，個人收入越豐厚；個人年薪四萬美元以上即被稱為中產階級或是中上程度收入。目前，全國平均週薪的數額為稅前六百六十美元。如果沒有正式中學學歷，九三・三%的人的年薪會少於四萬美元。與此相比，在具有學士或是碩士學歷的人群中，只有五一・四%的人年薪少於四萬美元，高達四八・六%的人年薪超過這個數字。

簡而言之，在紐西蘭如果有比較高的學歷，通常會有比較高的收入和職業滿足感，以及比較高的就業機會。尤其在當今世界由傳統型經濟走向知識型經濟的時代，這種趨勢更明顯。

猶太人的富有和智慧舉世聞名，與他們重視教育有極其密切的關係。對於教育，猶太人的重視程度可以說是全世界第一。在那裡，即使是最貧窮的家庭，也會盡力使子女接受盡可能多的教育。一項統計資料顯示，美國猶太人人口中受過高等教育的人所佔的比例是整個美國社會平均程度的五倍。也可以說，猶太人的富有程度與他們的教育程度呈現正比。在富比士美國富豪榜的排名上，猶太人佔據很大的比例，例如：微軟公司的總裁兼執行長巴爾默是哈佛大學理學士、史丹佛商學院工商行政管理碩士，個人資產高達九百一十四億美元。

哈佛精英的事例告訴我們：決定好工作、好收入的因素固然有很多，但是受教育程度絕對是不可忽視的。

一第四章一以勤奮為行動綱領

成功沒有捷徑可循

無論一個人的悟性如何，學習以勤才可能有所成就。至於智商一般的人，更需要以勤補拙。俗話說，笨鳥先飛早入林。早動手，勤動手，將自己的先天不足用勤奮補回來。

勤是成功之本。勤能補拙，只要不故步自封，將心態歸零，勤奮可以使人們克服所有困難，成就偉大的事業。缺少勤奮，即使再優越的物質條件，也很難使人們有所成就。所以，成就大事者應該具有勤奮好學的習慣，以此提高自己的判斷、分析能力，為成就大事打下基礎。

狗一樣地學，紳士一樣地玩

哈佛有一句名言：「狗一樣地學，紳士一樣地玩。」這是提倡學生們應該做事的時候就要全力以赴、盡心盡力，充分地利用每分每秒，力求高效。事情做完的時候，就要給自己放假，輕鬆一下，做一些自己喜歡的事情，讓自己的身心得到完全的放鬆和愉悅。

進入哈佛，絕對不是進入「天堂」，相反地，反而像是進入「地獄」。在哈佛校園裡，學生的學習壓力非常大，競爭的激烈近乎殘酷，簡直就是向自身極限能力的挑戰。作為哈佛濃縮的ＨＢＳ（哈佛商學院），在這一點上表現得更明顯。

ＨＢＳ的學制為兩年，第一學年的課程極重，有十一門課程，校方要求每個學生至少有十個「良」。拿到八個以上「及格」或是「不及格」的學生被稱為「觸網」，「觸網」的學生是否可以升入二年級，要經由學生成績委員會根據學生本人的請求、教授的評價、「觸網」的客觀因素來決定。其中一部分將會獲准升學，另一部分會被迫退學，但是可以保留重新申請入學的權利。儘管每年只有五％左右的人「觸網」，可是因為「觸網」而被迫退學的威脅是始終存在的。何況評分的範圍不是整個年級，而是按照固定的百分比在班級上分配，這就對所有學生製造出隨時都存在的挑戰。為了迎接這個挑戰，很多學生每天要學習十三～十八個小時，凌晨兩點睡覺，早上八點半還要上課，簡直連氣都喘不過來。

哈佛商學院的案例教學法，是一個不斷向學生施加壓力的學習機制。學院對學生成績的評分，有一半取決於課堂上發言，另一半視考試成績而定，極少有書面作業，所以每個學生非常重視上課以前的預習和課堂上的發言。

預習對哈佛商學院的學生而言相當重要，因為它關係到第二天或是下次課堂上發言的品質。第二天早上，他們就要帶著前一天經過自己獨立思考所得的行動方案去上課。

教授在講課之前總要環視教室一遍，他是在挑選最先發言的學生。此時的教室會有一種讓人感到恐怖的氣氛，如果你被教授點名，卻沒有進行充分的預習而不得不「Pass」，就會犯了哈佛商學院的「大忌」。因為按照記分規則，如果你選擇「Pass」，成績就會自動拉下一級；「Pass」兩次之後，就有可能拿不到學分；三次以上的「Pass」，不僅拿不到學分，還會受到校方「行為不良」的警告，嚴重者甚至會被勒令退學。

在哈佛，雖然學習強度很大，學生們承受很大的學習壓力，但是他們不提倡學生把所有的時間都用來學習。他們認為，學要盡力，玩也不能忽視。哈佛的學生也說，哈佛的課餘生活勝過正規學習。哈佛也意識到適度的課外活動不僅不會背離教育使命，而且還會支持教育使命，因此他們提出要像「紳士一樣地玩」。

在哈佛，學生們除了緊張地學習，還會參加學校舉辦的多種藝術活動，例如：音樂會、戲劇演出、舞蹈表演、藝術展覽。此外，哈佛每年還會舉辦藝術節，以活躍學生的課餘生活。這些充滿濃厚藝術氛圍的活動，不僅讓學生接受藝術教育和薰陶，而且提高學生的藝術修養和審美能力。

很多人都有一種誤解，認為努力就是要利用所有時間來奮鬥。於是，生活在他們的眼裡，就是不間斷地工作和學習，所有的時間都被佔得滿滿的，但是效果卻不理想，自己也被弄得疲憊不堪。

其實，珍惜時間不是不停地工作或是放棄休息，而是要有效率地做事，並且可以妥善地利用休息和空餘的時間，這樣一來，我們才可以更好地工作，工作的效果才會更好。**時間的價值就像金錢的價值一樣，它是表現在如何使用上的。**我們經常看到很多物質豐厚的人不捨得為自己花費分毫，這樣的人就是一個守財奴，即使有億萬家財也是形同烏有。同樣地，在時間的利用上，捨不得花費時間去獲取更多的幸福、使更多的人幸福的人，從某種程度上說，也是虛度年華。

有三條毛毛蟲經過長途跋涉，最後來到對岸的目的地。牠們爬上河堤準備過河到開滿鮮花的對岸的時候，一條毛毛蟲說：「我們必須先找橋，然後從橋上爬過去。」另一條毛毛蟲說：「我們還是造一艘船，從水上漂過去。」最後那條毛毛蟲說：「我們走了那麼遠的路，已經疲憊不堪，應該先休息兩天。」

聽了這番話，另外兩條毛毛蟲詫異地說：「休息，簡直是天大的笑話！沒有看到對岸花叢中的蜜快被採光了嗎？我們馬不停蹄地趕路，難道是來這裡睡覺的？」

話未說完，一條毛毛蟲已經開始爬樹，準備摘一片樹葉做船。另一條毛毛蟲爬上河堤的一條小路去尋找一座過河的橋，剩下的一條毛毛蟲爬上最高的一棵樹，找了一片樹葉躺下來睡著了。

一覺醒來，睡覺的毛毛蟲發現自己變成一隻美麗的蝴蝶，翅膀扇動幾下就輕鬆過河了。此時，一起來的兩個夥伴，一個累死在路上，另一個被河水送進大海。

人們經常說：「會休息，才會更好地工作。」事實確實如此，做任何事情都要講究勞逸結合、有張有弛，應該努力的時候拼命努力，應該休息的時候盡情放鬆，這樣才是聰明的做法。

所以，我們做事的時候就要全力以赴、盡心盡力，充分地利用每分每秒，力求高效。事情做完的時候，就要給自己放假，輕鬆一下，做一些自己喜歡的事情，讓自己的身心得到完全的放鬆和愉悅。

這樣做看似沒有把所有時間都用來工作，但是這樣做的效果比你花費全部時間來工作更好。況且，你不得不承認，很多時候，你的精力不允許你不停歇地工作。與其效率低下地空耗，不如適當地放鬆。因為，如果我們勉強自己去做事，既會對自己不利，也不會為工作帶來益處。相反地，如果我們可以利用一些時間來放鬆和休閒，就會使自己獲得力量，讓我們更好地去實現自己的目標。

做任何事情都要講究勞逸結合、有張有弛，只有應該努力的時候拼命努力，應該休息的時候盡情放鬆，才是聰明的做法。

好運不是依靠坐等而降臨的

哈佛的一位教授曾經告訴學生們：「不能坐等好運的降臨，有目標現實可行並且身體力行，夢想才可以變成現實。」

天底下哪裡有不勞而獲的東西？只有願意付出血汗與時間者，才可以享受成功的果實。

在哈佛，你看不到偷懶投機的人。他們認為，想要有所成就，就要勤奮努力。

曾經擔任美國勞工部長的趙小蘭以智慧和勤奮見長，插班進入三年級的時候，她一個英文單字也不會。她只好每天把黑板上的所有內容抄下來，到了晚上，再由工作了一天的父親把所有內容譯成中文，讓她明白課程的內容；同時，父親還從ABC開始，為她補習英語。所以每天晚餐之後，趙家極少開電視，母親陪著孩子一起讀書，父親處理公務。

哈佛大學的商學院是世界聞名的，其研究所的MBA碩士學位尤其難念，可以跨進大門的學生，都是各個大學的頂尖畢業生。即使考進以後，競爭也是十分激烈，不用功很容易就會被淘汰。

趙小蘭大學畢業以後，雖然有史丹佛、華頓商學院、芝加哥大學等名校的入學許可，但是她仍然渴望進入哈佛。可是父母都不是哈佛校友，女生被錄取的比例只有五%，實在是難上加難。但是在一九七七年四月十五日，趙小蘭仍然從數以千計的競爭者中脫穎而出。那年商學院的企管碩士班總共錄取七百五十六人，分成九組，每組八十四人。趙小蘭說，學校分組的目的，是想要讓學生對學校產生忠誠感——即使畢業很久的學生，也不會忘記自己是哪一年哪一組。

趙小蘭回憶在哈佛的兩年研究生學習的時候說：「真是隨時戰戰兢兢，教室如戰場，教授上課沒有教科書，也不講課，每天安排三個課題給學生，每個課題都是描述一家有問題的公司。學生的功課就是去瞭解問題、分析問題，設法解決問題、提出建議。在這種教學方式下，如果學生沒有充分地準備，是不敢走進教室的，因為如果被教授點名，就要逐一回答。」

趙小蘭永遠不會忘記，那個時候上課，每天從早上八點到下午兩點半，下課以後要立刻去圖書館找資料。因為每個課題都要花費幾個小時才可以組織起來，每天的三個課題經常讓她奮戰到凌晨一點，全部準備好以後才可以入睡。因為第二天走進教室的時候，面對的是鐵面無私的教授，雖然不會嚴刑拷打，但是教授銳利的目光射到任何人的身上，都會讓人感到戰戰兢兢。

商學院的課程，每天只有六個小時，但是準備起來，至少需要十個小時，所有的課程都相當複雜。哈佛訓練學生，就是要讓他們在混亂中把問題整理出來，有條理地歸納演繹，並且透過討論，尋求解決的途徑。哈佛商學院的教授最重視「臨場表現」，學生二五％到五〇％的成績，決定於討論課題時的參與度。因為教授認為，有效率的企業家及生意人，需要有方法與別人溝通。

趙小蘭說，在哈佛的兩年學習生活既惶恐又興奮，她幾乎睡覺的時候也在想那些解不開的課題。那種嚴格的訓練，使她對問題的探討更深入、更廣泛，尤其是更周密。她在課堂上的參與討論成績優異，教授對她另眼相看，在許多鼓勵之下，她更不能放鬆片刻。

趙小蘭認為，在哈佛的幾年受益最多，哈佛的教授非常優秀，他們有時候既是教授又是公司顧問，理論與實際經驗很豐富，組合能力更強。哈佛大學兩年的歷練，使她成為一個處事能力更為幹練的女性，也進一步培養她的領導才能。在人才薈萃競爭激烈的哈佛，趙小蘭仍然保持極其優異的成績。畢業典禮的時候，她被學校選派為全體畢業生遊園的領隊及班長。這是一項極高的榮譽，趙小蘭也是哈佛大學有史以來，第一位獲得這個殊榮的東方女學生。趙小蘭帶著這份榮譽和信心，走出校門進入社會，哈佛的金色年華孕育趙小蘭的輝煌人生。

憑藉鍥而不捨的精神，趙小蘭從一個不認識ＡＢＣ的女孩成為哈佛碩士，最後成為美國歷史上的首位華裔內閣成員、勞工部長。熟悉趙小蘭的人說，她最讓人佩服的品格就是刻苦。

勤奮工作可以使人們到達成功的彼岸，是因為其中包含堅韌與頑強，也代表自信與勇氣。這其實都是很普通的道理，但是如果把它們組合起來，並且付諸實踐，通往成功之門的金鑰匙就被找到了。

勤奮是成功的鋪路石

勤奮，是成功的秘訣，也是成功的鋪路石。勤奮好學可以使我們不斷開闊視野，豐富知識，提升素養，把未知變為已知，讓自己由入門到達專業。成功不是偶然的，而是勤奮付出的結果。

美國前總統羅斯福小時候是一個膽小怯弱的人，課堂上的他總是不由自主地顯露出一種惶恐不安的表情。如果被老師叫起來背誦課文，他當即就會雙腿發抖，嘴唇顫動不已，呼吸就像喘氣一樣，而且回答問題的時候總是含糊不清，沒有人知道他到底在說什麼。

稍微瞭解兒童心理學的人都知道，這樣的孩子內心非常敏感，經常迴避同學之間的團體活動，也不喜歡交朋友，長期以往，只會成為一個自艾自憐的人！羅斯福意識到自己這個方面的缺陷以後，沒有因為同伴對自己的嘲笑而失去勇氣，更沒有退縮，而是積極改變自己的這種性格缺陷。

他知道自己喘氣的習慣已經變成一種堅定的嘶聲，所以用自己堅強的意志，咬緊牙床使嘴唇不顫動以克服恐懼。他從來不自我欺騙，盲目認為自己是勇敢的、優秀的，發誓要用實際行動來證明自己可以克服先天的障礙。

於是，他盡力克服可以克服的缺點，無法克服的缺點就加以利用。他害怕當眾發言，就用演講來鍛鍊自己的膽量。透過演講，他學會利用假聲來掩飾自己無人不知的暴牙，以及以往不挺拔的體態。儘管他的演講詞中沒有什麼過人之處，但是他不為自己的聲音和姿態而氣餒。

皇天不負苦心人，由於羅斯福沒有在缺陷面前退縮和消沉，而是充分認識自己的缺陷，並且正確地加以改進，進而在頑強的抗爭中戰勝自我，最終成為當時最有力量的演說家之一。

唐納德・湯瑪斯・雷根，美國麻薩諸塞州人，曾經在美國股票市場上如魚得水，在華爾街翻雲覆雨。在下屬的眼中，他是一位讓人畏而遠之的「暴君」；在金融界裡，他是一個財雄勢大的人物。他從華爾街大亨變為美國財政部長，政治上的成功又使他的事業如虎添翼。然而實際上，雷根出生在一個貧窮的家庭，要不是憑藉自身的才學獲得獎學金，他不會有去哈佛深造的機會。

他自小就身處逆境，但是他知道如何在逆境中抗爭，如何不屈從於命運的安排。他發憤圖強，自勵自勉，排除前進道路上的所有障礙，白手起家，終於在他的人生道路上確定自己的人生座標。

很多成功的人不一定比別人更聰明，更有天分，但是一定比別人更勤奮，更有恆心和毅力。正是因為他們有這些良好的習慣，才可以不斷地獲得更多的知識，變得更有毅力，更執著於夢想和目標。失敗的人不一定比別人愚蠢，但是他們經常優柔寡斷，不思進取，缺少信心和毅力，正是因為這些壞習慣，阻礙他們邁向成功和幸福的腳步。

成功的人，未必都很完美，也未必都很快樂，但是他們有一個特質是常人沒有的，那就是勤奮。**就像奧里森・馬登所說：「如果你有才能，勤奮可以錦上添花；如果你沒有才能，勤奮可以彌補不足。」**

勤奮一日，可得一夜安眠

勤奮是到達成功彼岸的最近通道，蘊含著堅定信心和堅強意志。三天打魚，兩天曬網，永遠不可能到達成功的彼岸，虎頭蛇尾的勤奮也是徒勞的。

在哈佛，學生們隨時在提醒自己，奮鬥之心的第一個敵人是懈怠。所以，他們不會讓自己止步，而是隨時提醒自己不斷地奮進。在他們的頭腦中存有這樣的想法：只有滿足於眼前成就的人才會停滯不前，奮鬥者總是感到不足。

哈佛商學院的院長約翰・麥克阿瑟曾經對學生說：「哈佛商學院的成功不是因為學生在學校裡學到什麼，而是因為學生畢業以後有多大的作為；哈佛畢業生成功的原因，不是在於來學校鍍金，而是在於他們自己的勤奮努力。學生來哈佛之前就已經走在成功的道路上，造就他們的不是學校，而是他們自己。」

懶漢們經常抱怨自己沒有能力讓自己和家人衣食無憂，勤奮的人卻經常說：「我也許沒有什麼特別的才能，但是我可以拼命工作以換取麵包。」兩者之間的區別就是在於是否擁有勤奮的習慣。

世界上有很多人都會埋怨自己的命運不好，別人總是容易成功，自己卻沒有任何成就。其實，他們不知道，失敗的原因正是他們自己，例如：他們沒有在工作中付出全部心思和智力，做事的時候沒有讓全身的力量集中起來……

一位可憐的失業者，為人忠厚，渴望工作，卻總是被拋棄在工作的門外。儘管他曾經努力地嘗試，但結果依然是失敗。如此看來，他為何會這樣？

回顧以前的工作經歷，儘管他曾經做過許多事情，但總是覺得負擔太重而逃避，無法養成勤奮的習慣。他渴望過著一種安逸的生活，所以在他看來，無所事事是人生最大的樂趣。年輕的時候沒有珍惜機會，現在他終於如願以償、夢想成真，可以無所事事地生活，但是這個他原本渴望的美好生活，現在卻變成一枚苦果。

勤奮如同耕種一片貧瘠的土地，最初必然是費力多而收穫少，但是只有付出汗水，才會有所收穫。很多人都明白這個道理，然而行動上卻總是放鬆自己，他們想要成就大事，卻因為無法克服懶惰的習慣，缺乏對自己的嚴格要求，因此逐漸失去發展機會，註定失敗一生。那些從小就養成勤奮努力、積極行動習慣的人，才會最終走向成功。

貪圖安逸使人墮落，萎靡不振讓人退化，只有勤奮工作才是最高尚的，才可以為我們帶來真正的幸福和快樂。所以，我們必須養成勤奮的習慣，積極地行動，才可以讓自己的生活品質更好，讓自己的人生價值得到更完美的展現。

懶惰就像一個磨盤，把生活中美好而光明的事物，碾成枯燥的音調和刺鼻的塵煙，使人們死氣沉沉，無法煥發熱情、鼓起幹勁。

有一個年輕人曾經說：「我要寫出一篇可以轟動社會的小說。」當時，他確實有一股火熱的激情，於是沉醉於此，一口氣寫了五萬多字，並且頗為自信地拿給朋友看。朋友覺得他的語言技巧很好，但是故事架構平淡，情節也有些不倫不類，不僅無法產生轟動效應，甚至一般的雜誌也難以接受。

然而，朋友還是以極大的熱情鼓勵他，希望他調整現有結構，重新設計故事中的某些細節。他卻像洩了氣的皮球一樣，不想重新構思，對兩家報社投稿均被退回。從此，他對寫小說不再有強烈的興趣，自信心也消失了。後來，他就放棄了文學之路。

以文學基礎及創造條件而論，他有可能在文學創作上有所成就，但是可悲之處在於缺乏耐性，缺乏堅忍的意志，鬆懈的情緒扼殺了他的創造才能。

勤奮的努力如同一杯濃茶，比成功的美酒更對人有益。我們如果可以堅持勤奮努力，就是一種偉大的成功，它使我們精神上煥發出來的光彩，絕非胸前的一些獎章所能比擬。

人生是一座可以採掘開拓的金礦，但是因為人們的勤奮程度不同，給予人們的回報也會不同。

第五章 以自立為珍寶

人生旅程靠你自己走

自立就是掉進坑裡以後，依靠自己的力量勇敢地爬出來；自立就是摔倒以後，依靠自己的力量重新站起來；自立就是遇到困難的時候，設法依靠自己的力量解決；自立就是遇到挑戰的時候，自己勇敢地反擊……獨立性是一個人非常重要的心理特質，對我們一生的發展和成才產生極為重要的作用。

自助者天助之，我們要靠自己去奮鬥，靠自己去成功。善於駕馭自我命運的人，是最強大的人，也是最幸福的人。做自我的主宰，你就可以做命運的主人。

父母無法安排你的將來

一位記者有幸採訪到比爾・蓋茲的父親老蓋茲，以下是那次採訪的一段記錄：

記者：「中國有一句俗話『有其父必有其子』，你的兒子繼承了你哪個方面的特質？」

老蓋茲：「首先，我想要說的是，比爾有一個很好的母親，所以更完整地說，不僅是有其父必有其子，而且也是有其母必有其子。我無法肯定地說，這個孩子哪些方面遺傳他媽媽，哪些方面來自我。在他很小的時候，他就是一個個性獨立的人，他自己決定做什麼，自己隨意寫一些東西。我覺得，他的價值觀絕大多數來自他對社會的觀察和思考。」

記者：「你的兒子最讓你驕傲的地方是什麼？」

老蓋茲：「比爾是一個很有自信的人。他明白事理，觀察力強，工作很認真，而且有很好的判斷力，我對所有這些都感到高興。還有一點是，他很幽默。他喜歡笑，也經常逗別人笑，我非常欣賞這一點。」

記者：「在你兒子的成長歲月中，你最常給他的忠告是什麼？」

老蓋茲：「實際上，在他小時候，我們沒有花費很多時間去教導他。像其他父母一樣，我們只是不停地讓他做事守規矩，把衣服放好，刷牙……說實話，我想不出什麼時候給過他正式的建議和忠告。整體說來，是他造就了他自己。」

記者：「你對你的兒子還有什麼更大的希望？」

老蓋茲：「在這個時候，我希望他可以找到一種方式，過著輕鬆一點的生活。他的工作和生活一直很緊張，目前他還是忙於管理自己的業務，我只希望他可以早日輕鬆下來。」

……

從記者與老蓋茲的這段對話中我們可以看出，小時候的比爾・蓋茲是一個個性獨立、有很強的觀察力、善於對社會觀察和思考的人，是一個自信、懂事、熱愛學習、對任何事情都有獨立見解的人。

老蓋茲夫婦在比爾・蓋茲青少年時期，像一般父母那樣，引導和教育自己的兒子在生活中應該有規矩，對其餘的事情干涉不多，沒有強調或是逼迫兒子必須要做什麼，而是選擇尊重他的選擇，包括他從著名的哈佛大學最熱門的法律系休學。

如果當時老蓋茲為兒子做選擇，他不會把兒子設計成「軟體帝國的帝王」，也不會把兒子設計成可以影響大多數人生活的人，因為那個時候的世界上還沒有這樣的人。而且，在他的想像力所及範圍之內，他也不敢把兒子想成世界首富。

父母有再大的本事，只能安排我們一時的生活，無法安排我們一世的生活。在這個世界上，可以真正對自己負責的人，只有我們自己，因為只有我們自己知道自己在哪裡，要去哪裡，可以去哪裡。哈佛大學裡流行一句話：「不要按照父母的期待生活，要做自己喜歡的事情。」這句話和老蓋茲說的「說實話，我想不出什麼時候給過他正式的建議和忠告。整體說來，是他造就了他自己」這句話是吻合的。

只有我們，才可以造就真正的自己；只有我們，可以拯救不如意的自己。不要把經營人生的權利交到別人的手裡，因為沒有人可以為我們安排一個滿意的將來，除了我們自己。

這就要求我們，無論面對什麼樣的父母，都要培養自己思考、判斷、做出選擇、做出決定的習慣；無論在什麼樣的環境下，都不能扼殺自己的責任意識和解決問題的意識。只要我們努力培養自己在做事上獨立的能力，最後絕對可以成就大事，所有事物都會因為我們的改變而改變。

告別依賴心理，才有獨立人格

成長是一種自立，也是一種獨立。獨立行走，使人類超脫出動物界而成為萬物之靈。你跨進成長之門的時候，就開始具備一定的獨立意識，但是對別人尤其是父母的依賴，經常困擾自己。

依賴，是心理斷乳期的最大障礙。隨著身心的發展，一方面比以前擁有更多的自由，另一方面比以前承擔更多的責任。面對那些責任，有些人感到膽怯，無法跨越依賴別人的心理障礙。依賴別人，表示放棄對自我的主宰，就無法形成自己獨立的人格。

有一個家喻戶曉的民間故事：一對夫婦晚年得子，十分高興，把兒子視為掌上明珠，什麼事情都不讓他做，以致兒子長大以後基本的生活也無法自理。

有一天，這對夫婦要出遠門，怕兒子餓死，於是想出一個方法，烙了一張大餅，套在兒子的脖子上，然後告訴他，想要吃的時候就咬一口。等他們回到家裡的時候，兒子已經餓死了。原來，他只知道吃脖子前面的餅，不知道把後面的餅轉過來吃。

如果一個人在遇到問題的時候不願意動腦筋，人云亦云，或是盲目從眾，就會失去自我，失去原本應該屬於自己撐起一片天空的機會。

依賴心理主要表現為缺乏信心，放棄對自己生活的支配權，沒有主見；總是覺得自己能力不足，甘願置身於從屬地位；總是認為自己難以獨立，經常祈求別人的幫助；處事優柔寡斷，希望父母或是師長為自己做決定。

具有依賴性格的人，如果沒有得到及時改正，可能會形成依賴型人格障礙。依賴性過強的人需要獨立的時候，可能對正常的生活和工作感到辛苦，內心缺乏安全感，經常感到恐懼、焦慮、擔心，容易產生焦慮和憂鬱等情緒反應，影響身心健康。

人們為什麼會在對別人的依賴中迷失自己？這是因為，依賴的產生與父母過度保護或是過度專制有關。對孩子過度保護的家長，一切為孩子代勞，給予孩子的都是現成的東西，致使孩子難以掌握解決問題和衝突的方法，就會隨時依靠父母。對孩子過度專制的家長，經常否定孩子的想法，孩子容易形成「父母對，自己錯」的思維模式，進入社會也覺得「別人對，自己錯」。這兩種教育方式都剝奪孩子獨立思考、獨立行動、增長能力、增長經驗的機會，妨礙孩子獨立性的發展。

想要克服依賴心理，可以從以下幾個方面出發：

充分認識到依賴心理的危害

改掉平時養成的依賴習慣，提高自己的行動能力，多向獨立性強的人學習，不要所有事情都指望別人，遇到問題要做出自己的選擇和判斷，加強自主性和創造性。學會獨立地思考問題，因為獨立的人格要求獨立的思考能力。

樹立行動的勇氣，恢復自信心

自己可以做的事情就要自己做，自己沒有做過的事情要練習做，正確地評價自己。

豐富自己的生活內容，培養獨立的生活能力

主動要求處理一些工作，以增強自我意識，使自己有機會面對問題，可以獨立地做出決定，增強自己獨立的信心。

多向獨立性強的人學習

多與獨立性強的人交往，觀察他們如何獨立處理自己的問題。同伴良好的榜樣作用可以激發我們的獨立意識，改掉「依賴」這個不良性格。

求人永遠不如求己

自立自強是打開成功之門的鑰匙，也是成長力量的泉源。力量是每個志存高遠者的目標，模仿和依靠別人只會導致懦弱與屈服。力量是自發的，不能依賴別人。坐在健身房裡讓別人替我們鍛鍊，無法增強我們肌肉的力量。沒有什麼比依靠別人的習慣更能破壞獨立自主的能力。如果依靠別人，就會永遠無法堅強，也不會有獨創性。做人，一定要獨立自主。

小仲馬自幼喜愛寫作，但是在剛開始階段，他的稿件總是會被編輯無情地退回。他的父親大仲馬得知以後，好心地對小仲馬說：「如果你可以在寄稿的時候，隨稿向編輯先生們附上一封短信，宣稱『我是大仲馬的兒子』，或許情況就會好多了。」小仲馬說：「不，我不想坐在你的肩膀上摘蘋果，那樣摘來的蘋果沒有味道。」

年輕的小仲馬不僅拒絕以父親的盛名做自己事業的敲門磚，而且不露聲色地為自己取了十幾個其他姓氏的筆名，以避免那些編輯先生們把自己和大名鼎鼎的大仲馬聯繫起來。

面對許多張退稿箋，小仲馬沒有沮喪，仍然在不露聲色地堅持創作自己的作品。他的長篇小說《茶花女》寄出以後，終於以其絕妙的構思和精彩的文筆震撼一位資深編輯。這位知名編輯曾經與大仲馬有多年的書信往來，他看到寄稿人的地址與大仲馬的地址絲毫不差，懷疑是大仲馬另取的筆名，但是作品的風格卻與大仲馬迥然不同。帶著這種興奮和疑問，他乘車拜訪大仲馬。

讓他驚訝的是，《茶花女》這部偉大作品的作者，竟然是大仲馬名不見經傳的兒子小仲馬。「你為何不在稿件上署上你的真實姓名？」老編輯疑惑地問小仲馬。小仲馬說：「我只想擁有真實的高度。」老編輯對小仲馬的獨立自強讚歎不已。

《茶花女》出版以後，法國文壇書評家一致認為這部作品的價值超越大仲馬的代表作《基度山恩仇記》，小仲馬一時聲名鵲起。

如果小仲馬一開始就依賴父親，或許不會取得如此偉大的成就。一個人適當地依靠父母，這是成長的必需，但是如果隨時依賴，失去進取的積極性，過著「茶來伸手，飯來張口」的生活，就是嚴重的缺點。

有依賴心理的人，遇事首先想到別人、追隨別人、求助別人，人云亦云、亦步亦趨，不敢相信自己，無法自己決定；在家中依賴父母，在外面依賴朋友；不敢自己創造，不敢表現自己，害怕獨立。他們的人格不成熟、不健全，仍然停留在童稚階段。

有依賴心理的人，無法獨立地完成工作，也無法掌握自己的命運，他們的命運只能被別人控制。他們軟弱無能，只相信別人，不相信自己，更沒有自信可以勝過別人。

《易經》中說：「天行健，君子以自強不息。地勢坤，君子以厚德載物。」自強是什麼？是奮發向上、銳意進取，是對美好未來的無限憧憬和不懈追求。自強者的精神之所以可貴，就是因為他們依靠的是自己的頑強奮鬥而非別人的蔭庇提攜，就是因為他們會甩開別人的攙扶，自己的路自己走！

依靠別人安身立命，是沒有出息的。常言道：「庭院裡練不出千里馬，花盆裡長不出萬年松。」每個人都嚮往安逸的生活，但困難卻是人生不可避免的內容。經過自己的努力得來的一切，雖然其中可能經歷風霜，但是奮鬥過程中獲得的對人生的感悟，以及奮鬥以後面對自己的收穫，都會讓我們獲得極大的成就感。

俗話說：「天上下雨地上滑，自己跌倒自己爬。」鍛鍊意志和力量，需要的是像小仲馬那樣的自助自立精神，而不是來自別人的影響力，更不能依賴別人。

做生活的主角，憑藉力量前行

松下電器創辦人松下幸之助曾經說過一段話：「獅子故意把自己的孩子推入深谷中，讓牠從危險中掙扎求生，這個氣魄太大了。雖然這種作風太嚴格，然而在這種嚴格的考驗之下，小獅子在以後的生命過程中才不會喪志。在一次又一次地跌落山澗之後，牠拼命地、認真地、一步一步地爬起來。牠自己從深谷爬起來的時候，才會體會到『不依靠別人，憑藉自己的力量前進』的可貴。獅子的雄壯，就是這樣養成的。」

美國石油家族的老洛克菲勒，有一次帶自己的孫子爬梯子玩，孫子爬到不高不矮（不至於摔傷）的高度時，他原本扶著孫子的雙手立刻鬆開了，於是孫子就滾了下來。這不是洛克菲勒的失手，更不是他在惡作劇，而是要孫子的幼小心靈感受到做所有事情都要靠自己，就算是爺爺的幫助，有時候也是靠不住的。

一個人，要靠自己活著，而且必須靠自己活著，在人生的不同階段，盡力達到應該達到的自立程度，擁有與之相適應的自立精神。這是現代人立足社會的根本基礎，也是形成自身「生存支持系統」的基石，因為缺乏獨立自主個性和自立能力的人，連自己都管不了，還可以奢望獲得成功嗎？即使你的家庭環境提供的「先賦地位」高於常人，你也要練就自立自行的能力。因為不管怎樣，你必須獨自進入社會，參與競爭，你會遭遇到比學習生活更複雜的生存環境，隨時可能出現或是面對自己無法預料的難題與處境。你不可能隨時動用自己的「生存支持系統」，而是要依靠頑強的自立精神克服困難，堅持前進！

因此，我們要做生活的主角，要做生活的導演，不要讓自己成為生活的觀眾。善於駕馭自我命運的人，是最幸福的人。在人生道路上，必須善於做出抉擇，不要總是讓別人推著走，不要總是任由別人擺布，要勇於駕馭自己的命運，控制自己的情感，做自我的主宰，做命運的主人。

想要駕馭命運，從近處說，就要自主地選擇學校，選擇書籍，選擇朋友，選擇服飾；從遠處看，就要不被各種因素限制，自主地選擇自己的事業和愛情，以及崇高的精神追求。

你的所有成功，所有成就，完全取決於你自己。

你要掌握前進的方向，把握目標，讓目標似燈塔在遠處閃光；你要獨立思考，獨抒己見；你要有自己的想法，可以解決自己的問題。你的品格、你的作為，就是你自己的產物。

失去自己，是天下最大的不幸；失去自主，是人生最大的陷阱。相信自己、創造自己，永遠比證明自己更重要。你要在多變的世界面前，勇敢地展現自己，毫無顧忌地向世人展示你的能力、你的風采、你的氣度、你的才智。

自主的人，可以傲立於世，可以力壓群雄，可以開拓自己的世界，得到別人的認同。勇於駕馭自己的命運，學會控制自己的情感，善於分配自己的精力，自主地對待求學、擇業、擇友，這就是成功的要義。

告別「毛毛蟲效應」

法國昆蟲學家法布爾做過一個實驗：

把許多毛毛蟲放在花盆的邊緣上，使牠們首尾相接圍成一圈，並且在不遠處撒下毛毛蟲最喜歡吃的松葉。結果，沒有一隻毛毛蟲去吃松葉，牠們一個跟著一個，繞著花盆一圈一圈地走，最終精疲力竭而死。原來，毛毛蟲習慣「跟隨」，只要前面有同伴，就會一直跟著走。

法布爾在總結此次實驗的時候，曾經寫下一句話：「在那麼多的毛毛蟲裡，如果有一隻不盲從，牠們就可以改變命運，告別死亡。」

毛毛蟲的喪命在於失去自己的判斷，只知道盲目跟從同伴，進入一個循環的陷阱。

這種因為跟隨而導致失敗的現象，被心理學家稱為「毛毛蟲效應」。

很多人可能會忍不住嘲笑那些愚蠢的毛毛蟲，但是在很多時候，我們又何嘗不是如此？我們的人生是獨一無二的，要靠我們自己去走，然而像毛毛蟲那樣盲目地跟從別人或是被習慣影響的事情，卻每天都在上演。

愛默生有一句名言：「模仿等於自殺。」像毛毛蟲一樣盲目地跟在別人後面，不僅會讓我們養成惰性，還會麻痺自己的創造能力，進而影響自己潛能的發揮。

清朝著名書法家鄭板橋以自己雅俗共賞的「六分半書」享有盛譽，被世人列為「揚州八怪」之一。其實，他剛開始名氣很小，雖然可以臨摹古代著名書法家的各類書體，甚至可以達到以假亂真的地步，但是名聲依然不為人所知。他百思不得其解，但幸運的是，妻子偶然的一句話讓他猶如醍醐灌頂，豁然開朗。

一個夏天的晚上，鄭板橋與妻子在院中乘涼。他習慣性地用手指在自己的大腿上寫字，不知不覺，寫到妻子的身上。妻子有些生氣地說：「你有你的身體，我有我的身體，為何不寫自己的身體，要寫別人的身體？」

鄭板橋猛然醒悟，心想：「是啊！任何人都有自己的身體，寫字也是一樣，各有各的字體。就算寫得與別人完全一樣，也只是別人的字體，沒有自己獨特的風格。」此後，他開始吸取各家之長，融會貫通，最後形成自己的風格，終成一代書畫大家。

在漫長的人生旅途中，如果我們看不清自己的方向，總是跟在別人後面，最終只會造成碌碌無為的徒勞結局。只有依靠自己的力量，才可以一分耕耘就有一分收穫。

第六章 以平常心面對生活

苦難是人生的必修課

每個人都有可能承受痛苦，但是痛苦帶給人們的結果是完全不同的。有些人從中獲取堅強，最終獲得新生；有些人一蹶不振，最終被痛苦壓垮。哈佛教授塔爾・班夏哈認為，痛苦是我們的人生經驗，會讓我們從中學到很多。

人生的成長和飛躍，經常發生在你覺得非常痛苦的時刻，經歷痛苦也是一種財富。因此，我們不必再害怕它，從容地面對，是戰勝它的最好方法。正如哈佛教授這樣告訴學生：「對待痛苦的不同態度，導致不同的人生。痛苦不是什麼可怕的事情，關鍵在於你的態度。」

接受事實，是克服不幸的第一步

古羅馬哲學家塞內卡曾經說：「只要持續地努力，不懈地奮鬥，就沒有無法征服的東西。」生活不總是公平的，就像大自然中，鳥吃蟲子，對蟲子來說是不公平的，生活中總會有些力量是阻力，不斷地打擊和折磨我們。

然而，我們承認生活是不公平的這個事實，不表示消極處世，正是因為我們接受這個事實，才可以調整心態，找到屬於自己的人生定位。命運中總是充滿不可捉摸的變數，如果它為我們帶來快樂，當然是很好的，我們也會容易接受，但是現實往往並非如此。有時候，它帶給我們的是可怕的災難，此時如果我們無法學會接受它，反而讓災難主宰我們的心靈，生活就會永遠地失去陽光。

威廉・詹姆斯曾經說：「心甘情願地接受吧！接受事實，是克服任何不幸的第一

步。」我們應該接受不可避免的事實，即使我們不接受命運的安排，也無法改變事實分毫，我們唯一可以改變的，只有我們自己。成功學大師卡內基說：「有一次，我不接受自己遇到的一種不可改變的情況。我就像一個蠢蛋，不斷做無謂的反抗，結果帶來無眠的夜晚，我把自己整得很慘。後來，經過一年的自我折磨，我不得不接受自己無法改變的事實。」面對無法改變的事實，我們應該做到詩人惠特曼所說的那樣：「讓我們像樹木一樣順其自然，面對黑夜、風暴、饑餓、意外等挫折。」

但是，面對現實不等於束手接受所有的不幸。只要有任何可以挽救的機會，我們就應該奮鬥。發現情勢已經無法挽回的時候，就不要思前想後、拒絕面對，要坦然地接受不可避免的事實，只有如此，才可以在人生的道路上掌握平衡。

明白了這些，你就會善於利用不公平來培養自己的耐心、希望、勇氣。例如：在缺少時間的時候，可以利用這個機會，學習怎樣安排一點一滴珍貴的時間，培養自己行動迅速、思考靈敏的能力。就像野草叢生的土地上可以長出美麗的花朵，在充滿不幸的土地上，也可以綻開美麗的人性之花。

生活的不公平可以培養優秀的品格，我們應該做的就是讓自己的品格在不利的環境中放射出奇異的光彩。

外界的事物是何模樣，由不得你去選擇和控制，但是用什麼態度去對待，可以由你自己做主。面對生活中的各種不公平，是否可以使自己像駱駝在沙漠中行走一樣自如，關鍵在於你是否足夠堅韌。

得意淡然，失意泰然

得意的時候，淡然面對榮譽稱讚；失意的時候，泰然面對冷嘲熱諷，這就是「得意淡然，失意泰然」。

泰然自若地承受接踵而至的災難，不是由於感覺遲鈍，而是由於具有崇高和英勇的品格，此時儘管在厄運中，心靈美仍然會放射出燦爛光輝！

有一位哈佛心理學教授，某日上課的時候，拿出一個十分精美的咖啡杯。學生們正在讚美這個杯子的獨特造型時，教授故意裝出失手的模樣，杯子掉在水泥地上摔成碎片。

此時，學生們不斷發出惋惜聲。教授指著咖啡杯的碎片說：「你們一定對這個杯子感到惋惜，可是這種惋惜無法使杯子再恢復原形。因此，今後在你們生活中，如果發生無可挽回的事情，請記住這個破碎的咖啡杯。」

這是一堂很成功的教育課，學生們透過摔碎的咖啡杯懂得了：無法改變失敗和不幸的厄運時，要學會接受它、適應它、忘記它。

不要為打碎的咖啡杯哭泣。既然暫時無法改變事實，我們就要學會忘記已經失去的東西，珍惜眼前擁有的東西。

古時候，有一個少年，背負著一個砂鍋前行，不小心繩子斷了，砂鍋掉到地上碎了，可是少年卻頭也不回地繼續前行。

路人喊道：「你不知道砂鍋碎了嗎？」少年回答：「知道，已經碎了，回頭又有什麼用？」

所以，砂鍋破碎了，與其在痛苦中掙扎浪費時間，不如重新尋找一個目標，再次奮發努力。

在人生旅途中，難免有一些像破碎的砂鍋一樣不愉快的經歷。對於我們來說，想要走出這些困惑，就要學會接受。只要懂得接受生活中那些不可避免的事實，就等於已經排除它們帶來的煩惱。

不要被困難嚇倒，以平常心對待

不要被困難嚇倒，以平常心對待，往往可以順利地解決問題。因為在面對更多困難和挑戰的時候，我們不是輸給困難本身，而是輸給自身對困難的畏懼。

一七九六年的一天，在德國哥廷根大學，一個很有數學天賦的十九歲青年吃完晚飯，開始做教授單獨為他安排的每天例行的三道數學題。

前兩道題在兩個小時內就順利完成了，第三道題寫在另一張紙條上：要求只用圓規和一把沒有刻度的直尺，畫出一個正十七邊形。

他感到非常辛苦，時間一分一秒地過去，第三道題竟然毫無進展。這位青年絞盡腦汁，但是他發現，自己學過的所有數學知識似乎對解開這道題沒有任何幫助。

困難反而激起了他的鬥志：「我一定要把它做出來！」他拿起圓規和直尺，一邊思索一邊在紙上畫著，嘗試用一些超乎常規的思路去尋求答案。

窗口露出曙光的時候，青年長舒了一口氣，他終於完成這道難題。

見到教授的時候，青年有些內疚和自責。他對教授說：「你為我安排的第三道題，我竟然做了一個通宵，我辜負了你對我的期望……」

教授接過學生的作業一看，當即驚呆了。他用顫抖的聲音對青年說：「這是你自己做出來的嗎？」

青年有些疑惑地看著教授，回答：「是我做的。但是，我花了一個通宵。」

教授請他坐下，取出圓規和直尺，在書桌上鋪開紙，讓他在自己的面前再做出一個正十七邊形。

青年很快做出一個正十七邊形，教授激動地對他說：「你知不知道？你解開一個有兩千多年歷史的數學懸案！阿基米德沒有解決，牛頓也沒有解決，你竟然一個晚上就解出來了，你是一個真正的天才！」

原來，教授也一直想要解開這道難題。那天，他是因為失誤，才把寫有這道題目的紙條交給學生。

每當這位青年回憶起這一幕，他總是說：「如果有人告訴我，這是一道有兩千多年歷史的數學難題，我可能永遠沒有信心將它解出來。」

這位青年就是數學王子高斯。

高斯不知道這是一道兩千多年的數學懸案，僅僅把它當作一般的數學難題，只用了一個晚上就解出它。高斯確實是天才，但是如果當時教授告訴他，那是一道阿基米德和牛頓無法解開的難題，結果可能是另一種情景。

我們遇到困難的時候，要考慮的不應該是退縮，而是要知難而上，應該考慮如何解決問題，度過難關。「船到橋頭自然直，車到山前必有路。」困難只是紙老虎，不可能把我們逼上絕路。所以，我們遇到困難的時候，不要畏懼與退縮。只有堅持，我們才可以遠離失敗，走向成功！

像接受人生一樣接受壓力

所謂的壓力，是我們去適應由周圍環境引起的刺激時，我們的身體或是精神上的生理反應，這種反應包括身體成分和精神成分。

只要活著，就會感受到壓力，不管我們喜歡與否，壓力是生活的一部分，會每天伴隨著我們。

世界上不存在沒有任何壓力的環境，要求生活中沒有壓力，就像幻想在沒有摩擦力的地面上行走一樣不可能，關鍵在於你怎樣對待壓力。

有人說，壓力是魔鬼與天使的混合體。有時候，它是會帶給人們心靈和軀體雙重傷害的魔鬼；有時候，它又化身為促進人們更快達到目標的天使。其實，壓力是魔鬼還是天使，決定權在你，看你是否可以把壓力穩放在平衡木上。

一家美國公司在選擇台北辦事處負責人的時候，透過一個很小的細節，考察應徵者的環境適應能力。當時，總共有七位應徵者，其中只有一位是女士。主考官故意把應徵者的位置安排在冷氣下方，而且將其風量開得很大。結果，六位男士都無法忍受長達兩個小時的面試，只有這位女士堅持到最後。

面試結束的時候，這位主考官說：「由於公司剛在台北成立辦事處，屬於萬事起頭難的階段，所以只有可以適應環境，敢於接受挑戰，並且可以用愉快的心情去面對壓力的人，才會被我們錄用。這位女士，歡迎你加入公司。」

適應環境的能力是必需的，因為只有從容地適應環境，才可以好整以暇地迎接挑戰。

就像不能逃避生活一樣，我們也無法逃避壓力。事實上，有壓力並非壞事，案例中的女士，因為承受住壓力，才可以從七位應徵者中脫穎而出。可以說，接受壓力就是接受成長的機會。

跌倒了就爬起來

有一位哈佛教授曾經說：「世界上有一種失敗，那就是輕易放棄。可以到達人生頂點的人，就是那些永不放棄的人。」

一位父親苦於自己的孩子已經十五歲了，還沒有一點男子漢的氣概，就去找得道的禪師，請他幫忙訓練自己的孩子。

「你把他放在我這裡待三個月，我一定把他訓練成真正的男人。」禪師說。

三個月以後，父親去接兒子，禪師讓他觀看孩子和一個空手道教練進行的比賽。

只見教練一出手，孩子就應聲倒下，他站起來繼續迎戰，但是立刻又被打倒，他又站起來……就這樣來來回回，孩子總共被打倒十八次。

父親覺得非常羞愧：「沒想到，他竟然這麼不經打，一打就倒了。」

禪師說：「你只看到表面的勝負，有沒有看到他倒下去又站起來的勇氣和毅力？」

一開始就可以站住的人固然讓人欣賞，但是可以面對不斷地倒下，又可以重新站起來的人更讓人敬佩。畢竟這個世界上可以一開始就站住的幸運兒不多，許多人都是經過無數次摸爬滾打，才可以最終站穩。

有人問一個孩子，是怎樣學會溜冰的。那個孩子回答：「哦，跌倒了爬起來，爬起來又跌倒，慢慢就學會了。」使得一個人成功，使得一支軍隊勝利，實際上就是這種精神。跌倒不是失敗，跌倒了爬不起來，才是失敗。

我們的一生中會經歷很多失敗，換一個角度來看，失敗反而是生活給我們的饋贈。「跌倒了爬起來，在失敗中求勝利。」這是成長的必然途徑，也是歷代偉人的成功秘訣。

一八三二年，林肯失業了，傷心的他下定決心當州議員。糟糕的是，他競選失敗了。然後，林肯自己創辦公司，可是不到一年，這家公司又倒閉了。在以後的十七年之間，他不得不為償還公司倒閉的時候欠下的債務而到處奔波，歷盡磨難。隨後，林肯再次決定參加競選州議員，這次他成功了。他認為自己的生活有了轉機：「我終於成功了！」

一八三五年，他訂婚了，但是距離結婚還有幾個月的時候，未婚妻不幸去世。他心力交瘁，數月臥床不起。一八三六年，他罹患神經衰弱症。一八三八年，林肯競選州議會議員失敗。一八四三年，他競選美國國會議員仍然沒有成功。一八四六年，他再次競選美國國會議員，最後終於當選。

任期結束以後，他爭取連任，但是又落選了，隨後又是兩次失敗。一八五四年，林肯競選參議員失敗。兩年以後，他競選美國副總統提名失敗。又過了兩年，他再次競選參議員，還是失敗了。

林肯嘗試了十一次，可是只成功兩次，但是他沒有放棄自己的追求，一直在做自己生活的主宰。一八六〇年，他當選為美國總統。

失敗，不斷地走進林肯的人生，生活似乎總是讓他措手不及。公司倒閉、情人去世、競選敗北，失敗接踵而來，但是每一次，林肯都是勇敢地站起來，沒有向失敗妥協，相反地，他從失敗中汲取力量，堅持不放棄，最終取得成功。

我們在成長的過程中，不可能一帆風順，總是有跌倒的時候，這可能是嘗試，也可能是打擊，但是有一點我們要記住：不管自己是怎麼跌倒的，跌倒了，一定要爬起來。在人生的舞台上，失敗是很正常的，許多人可以獲得最後的勝利，就是因為他們可以屢敗屢戰。

所以，我們要知道，失敗和挫折不可怕，可怕的是沒有勇氣去面對。挫折和失敗就像是我們的老朋友，雖然有時候會跟我們開玩笑，但正是它們讓我們的內心更強壯。

第七章 以自制為準繩

戰勝自己的人，才可以成功

在哈佛，流傳著一句話：「人生最大的敵人是自己，人生最大的失敗是被自己蔑視。」在成長的道路上，我們要勇於挑戰自我、淘汰自我，用遠大的目標激發昂揚的鬥志，用不懈的努力征服艱難困苦。

挑戰自己，必須積極進取，自強不息。「業精於勤荒於嬉，行成於思毀於隨。」勇於突破自我、超越自我的人，是生活的強者；隨波逐流、人云亦云的人，只能步人後塵。戰勝自我是一個漫長而艱苦的過程，沒有捷徑可走，所有一勞永逸、一蹴而就的想法，都是不切實際的幻想。無限風光在險峰，只有不畏艱險、奮勇攀登的人，才可以體會到「會當凌絕頂，一覽眾山小」的美妙和幸福。

自律可以使人們把潛能發揮到極致

哈佛的理念是，讓校規看守哈佛，比用其他東西看守哈佛更安全有效。想要生活在一個更和諧的社會，就要自覺地嚴格約束自己，隨時把規則放於心中，以獲得更完滿的自由。相反地，無視規則、對抗規則的人，經常受到規則的懲罰，以致到處碰壁，甚至付出全部自由的代價。

自律對於個人事業的發展，發揮重要的作用，加強自律有助於磨礪心志，有助於優秀品格的養成，可以幫助我們走向成功。

史蒂芬・巴爾默是微軟公司的執行長，在這個卓越的企業中，如果說比爾・蓋茲是戰略家，巴爾默就是行動家，而且這個行動家的執行力是無與倫比的。這種無與倫比的執行力，就是依靠他的自律來維持的。巴爾默在工作上異常嚴厲，但他不是那種只會嚴格要求別人的領導者，他深諳律人必先律己的道理。他要求別人努力工作，並且以身作則，他自己就是一個典型的工作狂。

同時，他還認為，如果一個主管經常說空話，每次說的只是一些理論，不可能得到員工的尊重。想要員工做到，自己就要先做到。所以，在微軟沒有這類高高在上的管理階層，也沒有具體事情不做，只會分派員工去做的主管。

勤奮，一直是他實踐管理的原則。他要求微軟的主管，對公司的事務瞭若指掌。所以，他孜孜不倦地關心微軟的每件事情，工作的每個環節，並且成為員工的榜樣。

自律的養成是一個長期的過程，不是一朝一夕的事情。因此，想要自律，首先就要勇敢面對來自各個方面的挑戰，不要輕易地放縱自己，即使它只是一件微不足道的事情。

自律，同時也需要主動，它不是受迫於環境或是別人而採取的行為，而是在被迫之前就採取的行為，前提條件是自覺自願地去做。

勞勃・史特蘭奇・麥納馬拉，一九一六年六月九日出生於美國舊金山，一九三九年畢業於哈佛商學院，次年回到哈佛擔任會計學助理教授。

太平洋戰爭爆發以後，他加入桑頓的統計管制處，工作出色。第二次世界大戰以後，他與夥伴同時加入福特公司，表現出超凡的聰明才能，為福特公司立下汗馬功勞，被任命為公司總裁。不久，他又被甘迺迪總統任命為國防部長。在七年的任期內，他在華盛頓成為僅次於總統的第二號人物。

一九六八年二月，麥納馬拉離開國防部長職位，擔任世界銀行行長的職務。

麥納馬拉告誡自己的部屬：「做老闆的人，必須比教徒更嚴格地奉行『教規』。」他是這樣說的，也是這樣做的。例如：福特公司的代理商送聖誕禮物給他的時候，他很生氣地退回禮物，並且責備代理商。他要去度假滑雪，需要一部車頂有雪橇架的車子，有人要讓公司派車的時候，他斷然拒絕，堅持自己出錢租車。

麥納馬拉這種嚴於律己、潔身自愛的作風，為他帶來極高的威望，許多人佩服他、尊敬他，因此他可以令出必行，行必有果。所以，他向那些濫用公司財物的主管開出帳單的時候，他們才會毫無怨言地接受。僅此一項，就讓福特公司挽回兩百多萬美元。

巴爾默和麥納馬拉證明自律具有的強大力量，沒有人可以在缺少它的情況下獲得並且維持成功。甚至可以這樣說，無論一個人有多麼過人的天賦，如果不運用自律，絕對不可能把自己的潛能發揮到極致。

自律可以促使人們逐步攀向高峰，也是領導能力得以卓有成效維持的關鍵。

我們缺乏的是毅力，不是氣力

想要獲得成功，不是一件容易的事情，不僅需要你的努力、你的付出，更需要你在這個過程中的毅力與勇氣。

我們都知道，哈佛的學子以勤奮好學聞名，他們努力的根源就是在於堅定的毅力。雖然學習生活很辛苦，但是他們並未因此而退縮。

事實上，在每一種追求中，作為成功的保證，與其說是能力，不如說是不屈不撓的毅力。它是我們行動的動力之源，希望以它為基礎。如果沒有毅力，就不會有支撐你繼續前進的動力，稍遇困難就有可能將你擊垮，再也站不起來。如果你堅信自己可以，就可以超越自我，勇往直前。

哈佛的教授也告誡學生們：「堅強的毅力，是人生行動中戰勝困難、擺脫逆境的利

刃。」打造這把利刃，可以使自己的人生更光彩奪目，以下的故事印證了這個道理：

費正清，美國著名漢學專家。十六歲的時候，父母沿襲邊遠地區上層人士的習慣，把他送到發達的東部接受教育。他進入艾希特學院，這所學校多是上層人士子女，追求事業功名的氣氛比較濃厚。讀大學的時候，他先進入威斯康辛大學，為了給自己營造一個更高層次的發展環境，他轉學到哈佛大學。哈佛大學濃厚的學術氛圍，激發費正清建立個人功業的抱負，他埋頭苦讀，「以求在世界上出人頭地」。一九三一年，他到中國學習漢語，收集史料，並且撰寫自己的博士論文。一九三六年，費正清應聘到哈佛教書。在這裡，他主張打破傳統漢學的束縛，重視中國近代史的研究。他以哈佛為陣地，充分利用哈佛的人力和物力資源以及哈佛的名望，建立一個新的領域，一種中國研究的新模式。

從一九三六年到退休的一九七七年之間，他推動數以百計的與中國問題相關的學術研究項目，對促使美國的中國研究成為一個影響深遠和成果豐碩的學科產生比美國任何學者更大的作用。費正清創立哈佛大學東亞研究中心，並且使它成為美國最重要的中國研究機構。

費正清是一位十分勤奮的學者，一生筆耕不輟，獨著、合著、編輯、合編的作品多達六十餘部，還有大量的論文及書評，確實是著作等身。

費正清主編的《劍橋中國史》，共有十五卷，貫通自秦漢到一九八二年之間兩千餘年的歷史。作為一部在西方具有廣泛影響的學術著作，《劍橋中國史》採用的是專題式的寫作方式，將歷史劃分為政治、經濟、外交、文化等不同方面，然後按照各自的歷史過程加以評述。正是如此的寫法，才使他們得以發揮各個研究領域中佼佼者的專長，最終匯聚成一部具有很高學術水準和地位的專著。

在哈佛，學生們要通過的第一關是語言關。為了攻下第一關，就要不斷地學習和練習。而且，哈佛的課業非常繁重，完成作業需要花費很長的時間，做作業到凌晨兩點是很常見的事情，早晨還要很早起床去上課。

除了上課，學生們還要做助教的工作。學習強度大、睡眠不足，是哈佛學子經常要面對的問題，在這種情形下，如果沒有堅定的意志，很難支撐下去。因此可以這樣說，在哈佛學習的每個人，都是有毅力的強者。他們認為，如果可以克服上述的困難，以後再大的困難也可以從容面對。

哈佛經驗告訴我們：沒有人可以隨便地成功，如果沒有毅力，沒有自我管理的能力，即使才華橫溢，即使有膽有識，也很難獲得成功，只會在日復一日的混沌中，消磨生命，走向毀滅。

自控力決定你的最終成就

馬克思曾經說：「生活就像海洋，只有意志堅強的人，才可以到達彼岸。」通往陽光的秘訣在於：懂得如何控制自己。一個人如果懂得如何控制自己，就是一個最成功的自我教育者。控制自己的能力就是自控力。自控力是指一個人在意志行動中善於控制自己的情緒，約束自己的言行，它對人們走向成功產生十分重要的作用。

有人在路旁擺了一個盛滿甜酒的酒樽，並且放了一些酒杯。一群猩猩見了，就知道人類的用意。可是忍耐了一會兒，一隻猩猩說：「這麼香甜的酒，為何不嘗一點？」於是，各自戰戰兢兢地喝了一杯。喝罷，相互囑託說：「千萬不要再喝了！」

誰知，一陣酒香隨風撲來，牠們垂涎三尺，又喝了一杯。最後「不勝其唇吻之甜」，忘乎所以，競相端起酒樽狂飲起來，結果喝得酩酊大醉，一併為人所擒。

每個人都會有一種懶惰的行為，也會一時貪圖享樂，失去控制，導致跌入深淵，萬劫不復。貪圖是一種可怕的精神腐蝕，會使我們無精打采，生活頹廢。不要因為一時的安逸而蹉跎歲月，更不能養成這種壞習慣。

第一位成功征服聖母峰的紐西蘭人艾德蒙•希拉里在被問到如何征服這座世界最高峰的時候，他回答：「我真正征服的不是一座山，而是我自己。」這種優秀的品格就叫做意志力、自控力、克己自律。實際上，你也可以從每天做一些不喜歡或是原本認為做不到的事情開始，開發出自己更強的意志力和自控力。

只有透過實踐鍛鍊，才可以真正獲得自控力。只有依靠慣性和反覆的自我控制訓練，我們的神經才有可能得到完全的控制。**從反覆努力和反覆訓練意志的角度上說，自控力的培養在很大程度上就是一種習慣的形成。**

例如跑步，每天早上做五公里慢跑。無論嚴寒酷暑，颳風下雨，都要堅持下去。早上，在床上的每一分鐘都是如此讓人珍惜，特別是冬天，在棉被裡為起床進行激烈的思想鬥爭，而且跑步又艱苦又乏味，還會讓人腰酸背痛，是一件名副其實的苦差事，很多人可能無法堅持下去。

但是馬克・吐溫說：「如果你每天做一些自己不願意做的事情，這樣一來，就不會為那些真正需要你完成的義務而感到痛苦，這就是養成自覺習慣的黃金定律。」只要你堅持下去，隨著身體狀況逐漸變好，跑步就會逐漸變得輕鬆，跑步這件苦差事似乎不再那麼恐怖，儘管早起仍然有些困難，有些費勁，但是似乎可以克服。一切都變得越來越容易，越來越自然。最後，清晨起床跑步成為一個習慣，成為日常行為的一部分，不必強迫自己就可以做到了。透過每天跑步的「磨練」，使你的決心、意志、承諾、效率、自信、自尊得到鍛鍊和提升。

用心為自己挖一口井

有一幅漫畫：有兩個人在鑿井，一個人鑿一處，很淺，沒有見水就換一處；又鑿了，依然很淺，還是沒有見水，就再換一處……

他接連鑿了幾處，都沒有見水。另一個人在一處鑿井，一直鑿下去，終於見到了水。

這幅漫畫很好地反映出生活中很多人的心理，每做一件事情，看到什麼比較好，就想要做什麼，但是無論做什麼事情都不認真、不專注，淺嘗輒止，無法堅持到底。羅曼・羅蘭曾經說：「與其花費許多時間和精力去鑿許多淺井，不如花費同樣多的時間和精力去鑿一口深井。」

一個生活總是受挫的人找到一位哲人說：「我這一輩子真是太不幸了，剛開始我學習行船，結果船翻了；我棄了船去學習開車，結果車又翻了；我棄了車去經商，結果不斷地賠錢；沒辦法，我只好去種田，結果又遇上連年災荒……看來我是無路可走了，我真的不知道以後怎麼辦。」

哲人聽了以後，笑著說：「這不能怪命運，應該怪你自己。」

那個人對此非常不解，哲人繼續說：「如果船翻的時候，你不是棄船而走，而是翻過船來繼續航行，你現在可能是一個出色的航海家；如果車翻的時候，你不是棄車而走，而是扳正車子繼續前進，你現在可能是一個優秀的司機；如果經商失敗的時候，你戰勝困難繼續經營，你現在可能是一個富有的商人；如果連年災荒以後你繼續耕種土地，你現在可能是一個殷實的農民。生活的道路有千萬條，每條道路上都有坎坷和艱險，你的失敗就是在於你在每條道路上都淺嘗輒止。」

我們的一生，就像是挖井的過程。事實上，我們腳下的土地都有泉水，關鍵在於你有沒有耐心、毅力、恆心，是否可以認真專注，是否可以堅持到底。做人最怕的不是遇到挫折和失敗，而是輕易放棄，特別是在你準備挖一口深井，暢飲甜美的泉水時，更需要堅持下去，否則就會功虧一簣，留下無盡的遺憾。

春秋時期，楚國有一個擅長射箭的人叫養由基。他可以在百步之外射中楊樹枝上的樹葉，而且百發百中。楚王羡慕養由基的射箭本領，請養由基教自己射箭，養由基把射箭的技巧傾囊相授。

楚王興致勃勃地練習了一陣子，逐漸可以得心應手，就邀請養由基跟他一起到野外打獵。打獵開始了，楚王叫人把原本藏在蘆葦叢裡的野鴨趕出來，野鴨被驚擾得振翅飛出。楚王彎弓搭箭，正要射獵的時候，突然從他的左邊跳出一隻山羊。

楚王心想，一箭射死山羊，比射中一隻野鴨划算多了！於是，楚王又把箭頭對準山羊，準備射牠。

可是正在此時，右邊突然又跳出一隻梅花鹿。楚王又想，若是射中罕見的梅花鹿，價值比山羊又不知高出多少，於是又把箭頭對準梅花鹿。眾人突然一陣驚呼，原來從樹梢飛出一隻珍貴的蒼鷹，振翅往空中竄去，楚王又覺得還是射蒼鷹比較好。

可是他正要瞄準蒼鷹的時候，蒼鷹已經迅速地飛走了。楚王只好回頭找梅花鹿，可是梅花鹿也逃走了。楚王又回頭找山羊，可是山羊也逃走了，甚至那群野鴨也飛得無影無蹤了。

楚王拿著弓箭比劃了半天，結果什麼也沒有射到。

從這個故事可以看出：與其見異思遷，不如盯住最早發現的那隻野鴨，把牠射中。

生活中，我們經常也是這樣，無法認真專注地做一件事情。其實，每個人的本質都是差不多的，即使是天才和常人，天生的聰明才智也相差不大，但是後天努力的差別卻很大。所以，不管是學習還是做什麼，我們都應該認真專注地做一件事情。

讓自己每天進步一點點

我們可以制定一個計畫，要求自己每天進步一點點，包括在重新塑造自己方面。不停止向前邁進的腳步，過不了多長時間，我們就會發現，自己已經進步許多，我們的生活和工作也會改變模樣。

有一首童謠：「失了一根鐵釘，丟了一個馬蹄鐵；丟了一個馬蹄鐵，折了一匹戰馬；折了一匹戰馬，損了一位將軍；損了一位將軍，輸了一場戰爭；輸了一場戰爭，亡了一個國家。」

一個國家的滅亡，竟然是一位能征善戰的將軍的戰馬的一個馬蹄鐵上的一根鐵釘失掉了所致。

正所謂「小洞不補，大洞吃苦」，每次的一點點變化，最終都會釀成一場災難。

什麼是「蝴蝶效應」？紐約的一場風暴，起始條件是因為東京有一隻蝴蝶在拍翅膀。翅膀的振動波，正好每次都被外界不斷放大，不斷放大的振動波越過海洋，結果就引發紐約的一場風暴。

每次進步一點點，最終會帶來一場「翻天覆地」的變化。

所以說，成功就是每天進步一點點。

成功來自於許多要素的集合疊加，例如：每天笑容比昨天多一點點，每天走路比昨天有精神一點點，每天行動比昨天多一點點，每天效率比昨天高一點點，每天方法比昨天好一點點……正如數學中五〇%×五〇%×五〇%＝一二．五%，六〇%×六〇%×六〇%＝二一．六%，每個乘項只增加〇．一，結果卻幾乎成倍增長。每天進步一點點，假以時日，我們的明天與昨天相比將會有天壤之別。

每天進步一點點是簡單的，就是要始終保持強烈的進取心。一個人，如果每天都可以進步一點點，即使是一%的進步，最後也會獲得成功。

日本企業生產的產品向來以品質卓越著稱，無論是電子產品、家用電器、汽車，其品質在世界上都是一流的。

日本人對於品質如此重視，主要歸功於一位美國的品質大師——戴明博士。

第二次世界大戰結束以後，戴明博士接受日本企業邀請，幫助重振日本經濟。戴明博士到了日本之後，對日本企業界提出「品質第一」的建議。他告訴日本企業界，想要使自己的產品暢銷全世界，在產品品質上一定要持續不斷地進步。

戴明博士認為，產品品質不僅要符合標準，還要無止境地每天進步一點點。當時，許多美國人認為戴明博士的理論很可笑，但是日本人卻完全照做了。果然，現在日本企業的產品在世界上大放光彩。

福特汽車公司一年虧損數十億美元的時候，他們邀請戴明博士回來演講，他仍然強調企業要在品質上每天進步一點點，只有透過不斷進步，才可以使企業起死回生。

結果，福特汽車公司依照這個法則執行三年之後，就轉虧為盈，一年淨賺六十億美元。

只要每天進步一%，我們就不必擔心自己無法快速成長。

每天晚上睡覺以前，可以自我分析：今天我學到什麼？我有什麼做錯的事情？我有什麼做對的事情？假如明天要得到自己想要的結果，有哪些錯誤不能再犯？

問完這些問題，我們就會比昨天進步一%。無止境的進步，就是我們人生不斷卓越的基礎。

我們在人生中的各個方面也要依照這個方法，持續不斷地每天進步一%，一年就可以進步三六五%，長期下來，就會有一個高品質的人生。

不必一次大幅度地進步，每天進步一點點就夠了。不要小看這一點點，每天改變一點點，就會帶來不同的結果。很多時候，人生的差別就是在這一點點之間。如果我們把「每天進步一點點」這個信念用於自我成長上，一定會有巨大的收穫。

—第八章— 以自信為伴

做內心強大的自己

自信心比什麼都重要。為什麼我們要相信自己？因為在這個世界上，每個人都是獨一無二的。如果我們把自己當作金子，就可以發出耀眼的光芒；如果我們把自己視為泥塊，就會被別人踩在腳下。

有自信的人，做什麼事情都可以獲得成功；沒有自信的人，即使有時候已經觸摸到成功的大門，卻因為沒有勇氣推開它，只能和成功擦肩而過。

信心是成功者的「定心丸」

哈佛非常重視對學生自信心的培養。哈佛著名學子亨利・梭羅說：「自信地朝著你想的方向前進！人生的法制也會變得簡單，孤獨將會不再孤獨，貧窮將會不再貧窮，脆弱將會不再脆弱。」

自信是態度的靈魂，一個人如果滿懷自信，就不會在任何困難面前屈服——僅僅這種態度，就足以使人們覺得他的身上充滿魅力，亞馬尼的獨特風格，正是來自於他的自信。

亞馬尼剛被任命為石油大臣的時候，國王授權他與沙烏地阿美石油公司談判一項該公司向沙烏地阿拉伯政府納稅的問題。亞馬尼就是憑藉這份自信心，對這家公司進行深入細緻的瞭解，細枝末節也不放過，結果讓這家公司的官員們目瞪口呆，繼而讓他最終取得勝利。

在與西方工業國家的較量中也是如此，一個第三世界的國家與世界一流的國家一爭高下，不屈不讓，需要何等的膽識與氣魄！但是亞馬尼做到了，他相信自己，相信自己的人民，相信他們一定會成功。

結果，他再次獲得勝利。

相信，實實在在地相信，就會使你有能力獲得成功。相信會有偉大的結果，是所有偉大的書籍、劇本、科學新知背後的動力。相信會成功，也是每一種成功的生意與政治機構會成功的主要原因。相信會成功，是那些已經成功的人擁有的一個基本而絕對必備的要素。

相信自己，對自己的能力充滿信心，對自己的目標、思想、行為充滿信心，用自信去感染身邊的人。美國第十大公司、著名的國際商業機器公司（ＩＢＭ）的董事長、總經理、第一業務主管約翰•艾克斯是哈佛的畢業生。這家公司從一九九八年以來，已經連續五年成為美國市場上最具價值的公司。艾克斯給人們最深刻的印象，就是他與眾不同的魅力。艾克斯隨時讓周圍的人感覺到他的自信與果斷，並且同時影響身邊的人，讓他們情不自禁地追隨他。

所有偉大的領袖都懂得以自信的方式行動的重要性。拿破崙知道自信行為方式的魔力，並且因此受益無窮。

拿破崙在戰爭中曾經命令手下的士兵送情報到前線，由於沒有適合的交通工具，拿破崙就把自己的戰馬拉出來。

看到這匹威武雄壯的戰馬，士兵不禁說道：「元帥，你的坐騎太高貴了，我只是一個無名小卒，根本不配使用牠。」

拿破崙回答：「在法國士兵的眼中，沒有一件東西可以稱得上高貴。不要貶低自己，相信自己是最好的武士！」聽了元帥的一席話，士兵心驚膽顫地騎上戰馬，趕往前線報信。

士兵缺乏自信，連馬都不敢騎，幸虧拿破崙對自己的士兵有充分信任，否則可能會耽誤戰機。

拿破崙第一次被流放以後，法國軍隊受命捉拿他的時候，他不僅沒有逃跑或是躲藏起來，相反地，他勇敢地出去迎接他們——一個人對付一支軍隊。而且，他掌握局勢的極大信心奇蹟般地生效了，因為他的行為似乎表示他期望軍隊服從他的指揮，所以士兵們在他的身後以整齊的步伐前進。

任何成功者都離不開自信。沒有人喜歡那種軟弱、不果斷的人，這種人辦事的時候好像不知道自己要做什麼，因此他們成功的機會也很少。可以敬佩別人，但是不可以忽略自己；可以相信別人，但是不可以不相信自己。

蘇格拉底在風燭殘年之際，知道自己時日不多，想要考驗和點化那個平時看起來很好的助手。他把助手叫到床前說：「我的蠟燭所剩不多，要找另一根蠟燭接著點下去，你明白我的意思嗎？」

「明白，」那個助手說，「你的光輝思想必須傳承下去……」

「可是，」蘇格拉底說，「我需要一位最優秀的傳承者。他不僅要有相當的智慧，還要有充分的信心和非凡的勇氣……直到目前，我還沒有找到這樣的人，你可以幫我尋找嗎？」

「好的，好的。」助手溫順地說，「我一定竭盡全力地尋找，不辜負你的栽培和信任。」

蘇格拉底笑了笑，沒有再說什麼。

那個忠誠而勤奮的助手，不辭辛勞地透過各種管道開始尋找。對於他帶回來的那些人，蘇格拉底總是婉言謝絕。有一次，助手再次無功而返地回到蘇格拉底的病床前，病入膏肓的蘇格拉底從床上坐起來，拍著他的肩膀說：「真是辛苦你了，但是你找來的那些人，其實比不上你……」

「我一定加倍努力，」助手言辭懇切地說，「找遍城鄉各地，找遍五湖四海，我也要為你找到最優秀的傳承者。」

蘇格拉底笑了笑，不再說話。

半年之後，蘇格拉底即將告別人世，最優秀的傳承者還是沒有找到。助手非常慚愧，淚流滿面地坐在病床旁邊，語氣沉重地說：「我對不起你，讓你失望了！」

「失望的是我，對不起的卻是你自己。」蘇格拉底說到這裡，失意地閉上眼睛，停頓了許久，又哀怨地說，「本來，最優秀的就是你自己，只是你不敢相信自己，才會忽略自己、耽誤自己、失去自己……其實，每個人都是最優秀的，差別在於：如何認識自己，如何發掘和重用自己……」話沒有說完，一代哲人就永遠離開這個世界。

那個助手非常後悔，甚至自責了整個後半生。

著名的鋼鐵大王卡內基經常提醒自己：「我想要贏，我一定可以贏。」結果，他真的贏了。**哈佛學子，美國前總統狄奧多·羅斯福也曾經說：「失敗固然痛苦，但更糟糕的是從未去嘗試。」**

每個人都要在心中埋下信念的種子，面對心中的高度，不斷鼓勵自己、肯定自己，經常在心中默念「我可以」。突破心靈障礙，就可以不斷超越自己——這就是自信的力量。

相信自己，別人才會相信你

有自信的人，做什麼事情都有信心：相信自己的能力可以達到理想的目標，就可以勇敢地做自己想要做的事情。

但是現實生活中，許多人認為別人擁有的幸福是不屬於自己的——不是不能，是不配擁有。他們自慚形穢，自認無法跟那些命好的人相提並論。缺乏自信的結果是：不僅自己沒有膽量做事，同事和朋友也不敢信任他們。他們在開口說話以前，總是先設法探聽別人的意見——如果與自己的意見相同，才敢說出來，其結果只會是人云亦云，絲毫沒有創意。沒有自信的人在機會到來的時候，總是猶豫不決，想要抓住又沒有把握，想要放棄又不甘心，結果坐等機會白白溜走。

在哈佛大學那樣競爭激烈的環境裡，無論是誰，都會感到非常緊張，但是一位眼睛看不見的女博士生卻非常自在愉快。她叫楊佳，是中國科學院研究生院的副教授，二〇〇〇年七月以優異的成績進入哈佛大學就讀，成為該校有史以來唯一一位非本國的盲人學生。

楊佳出生於一九六三年，二十三歲從中國科學院研究生院畢業以後，留院任教。在二十九歲之前，她一直過得很順利。一九九二年，正值人生最璀璨階段的她，卻罹患一種叫做「黃斑部病變」的眼疾，醫生診斷以後告訴她，這是一種會讓她逐漸失明的疾病。

在她的眼前，原本五光十色的世界變得霧濛濛的，直到完全黑暗。這個過程是一段痛苦的日子。在一年多的時間裡，她一邊治療眼疾，一邊堅持教書。

楊佳說自己始終站在講台上依靠的是一種自信，以及對這份工作的熱愛。她不覺得自己與其他人有什麼不同：「站到講台上，我就是一個老師，此時我和其他老師一樣，學生要學東西，我們教他們知識。」

二〇〇〇年，楊佳獲得進入哈佛大學深造學習的機會，她的事蹟也透過網路，迅速傳遍了整個哈佛。

在哈佛大學，面對那麼多新的資訊，楊佳非常興奮。「想要學習的東西太多了。我每天早上都去聽課，一直到下午五點半，中午有半個小時的時間吃飯，晚上在宿舍裡讀書，經常要到十二點多才會就寢，我覺得在這裡的每一天都過得很充實。」

楊佳說，沒想到自己在失明八年之後還可以走進哈佛，因此她非常珍惜這次難得的機會。「這裡條件很好，資訊傳遞非常迅速，我要多聽課、多讀書、多學一些新東西。我要努力充實自己，以豐富今後的教學內容。」

自卑只會自憐，自信贏得成功。相信自己，就是相信自己的優勢，相信自己的能力，相信自己可以佔據一個空間。**有一句話說得很好：「沒有得到你的同意，任何人也無法讓你感到自慚形穢。」**

大聲為自己喝采

生活中，我們總是習慣於為別人喝采，羨慕別人的完美，對自己一些明顯的優點卻視而不見，不以為然。於是，喝采也因為寂寞而悄然離去，只剩下低頭喪氣的自己……

為自己喝采，給自己一份執著，少一些失落，多一些清醒。困難和挫折在所難免，如果總是沮喪，生活就是荒蕪的沙漠。戰勝厄運，首先要戰勝自己。為自己喝采，給自己多一些自信和快樂，少一些懷疑和痛苦。凡事應該學會換一個角度，從好的方面想，人生必將有不同的風景。這是一種樂觀而積極的生活態度。即使有一千個藉口哭泣，也要有一千零一個理由堅強。即使只有萬分之一的希望，也要勇往直前，堅持到底。因為今天的太陽落下，明天照樣升起，人生也是這樣。

有一位美國作家，依靠為報社寫稿維持生活。他為自己制定一個目標，每個星期必須完成兩萬字。達到這個目標，就到附近的餐館飽餐一頓作為獎賞；超過這個目標，還可以安排自己去海濱度假，在海灘上大聲為自己鼓掌。

於是，在海濱的沙灘上，經常可以見到他自得其樂的身影。

勞倫斯·彼得曾經這樣評價一些著名歌手：「為什麼許多名噪一時的歌手，最後以悲劇結束一生？究其原因，就是因為：在舞台上，他們永遠需要觀眾的掌聲來肯定自己，需要別人為自己喝采。但是由於他們從來不曾聽過自己的掌聲和喝采聲，所以下台以後，進入自己的臥室時，就會倍覺淒涼，覺得聽眾把自己拋棄了。」他的這個剖析，確實非常深刻，也值得深省。

我們鼓勵所有人為自己鼓掌，為自己喝采，不是要人們自我陶醉，而是為了讓人們強化自己的信念和自信心，正確地評估自己的能力。

取得成就，做出成績，或是朝著自己的目標不斷前進的時候，不要忘記為自己鼓掌，為自己喝采。對自己說「你做得好極了」或是「真是一個好主意」的時候，你的內心就會被這種內在的詮釋所激勵。這種成功途中的歡樂，確實值得你去細細品味。

許多人做出成績，經常期待別人的讚許。其實，只有別人的讚許是不夠的，何況別人的讚許會受到各種外在條件的限制，難以符合自己的實際情況，或是滿足自己真正的期盼。如果要克服自卑感，增強自己的自信心和成功信念，可以利用一些時間，適當地為自己喝采。

生活中的成功者都會善於愛護和不斷培育自己的自信心，他們懂得如何「為自己鼓掌」。一個不相信自己的人，一個悲觀的人，一個只是把自己的成功當作僥倖的人，不可能成為擁有偉大成就的人。

戰勝內心最大的敵人

一個人如果不對自己失望，精神永遠不會崩潰。實際上，戰勝困難比打敗自己更容易，所以有人說：「『我』是自己最大的敵人。」戰勝自己依靠的是信心，只要有信心，就會產生力量。人與人之間，弱者與強者之間，成功與失敗之間，最大的差異就是意志力量的差異。擁有意志的力量，就可以戰勝自身的各種弱點。

有兩個人同時去醫院看病，並且分別拍了X光片，其中一個人原本就罹患癌症，另一個人只是做例行的健康檢查。

但是由於醫生取錯X光片，結果對他們做出相反的診斷，那位病況不佳的人，聽到身體已經恢復，滿心歡喜，經過一段時間的調養，竟然真的完全康復了。

另一位本來沒有生病的人，經過醫生的診斷，內心產生很大的恐懼，整天焦慮不安，失去生存的勇氣，意志消沉，抵抗力也逐漸減弱，最後竟然真的生病了。

因為心理壓力而誤被醫生診斷出「生病」的人，應該抱怨醫生還是應該抱怨自己？有人曾經說：「自認命中註定逃不出心靈監獄的人，會把佈置牢房當作唯一的工作。」以為自己罹患絕症，於是陷入不治之症的恐慌中，頭腦裡考慮更多的是「後事」，哪裡還有心思尋開心，結果被自己打敗。真正的癌症患者卻以樂觀的力量戰勝疾病，戰勝自己。

更多的時候，人們不是敗給外在因素，而是敗給自己。俗話說：「哀莫大於心死」，「絕望」和「悲觀」是死亡的代名詞，只有勇於挑戰自我、永不言敗者，才是最大的贏家。

戰勝自己，就是最大的勝利。與其說是戰勝疾病，不如說是戰勝自己。工作不順利的時候，我們經常會找各種藉口，認為是主管故意刁難，把不可能完成的工作交給自己；認為最近健康狀況欠佳，才會導致效率不高……心中想要偷懶，卻把偷懶理由正當化，總是認為期限還有三天，明天或是後天再做就可以，今天可以放鬆一下。

無論任何時候，都要相信獨一無二的自己。每個人都是上帝的寵兒，都是獨一無二的，所以我們應該相信自己。

每個人在世界上都是不可替代的，從生理學上說，每個人都具有與眾不同的特徵，包含DNA、指紋；從社會學上說，每個人的社會關係也是與眾不同的。所以，在這個世界上，每個人的存在都是有意義的，因此我們應該自信，只有自信，才可以自強；只有自強，才可以扮演好自己的角色，不管是主角還是配角。

自信的人，不會貶低自己，不會把自己交給別人去評判。

自信的人，不會逃避現實，不做生活的弱者，他們會主動出擊，迎接挑戰，演繹精彩人生。

自信的人，不會跟自己過不去，只會鼓勵自己。他們會承擔責任，舒緩壓力，在生活的道路上遊刃有餘，笑看輸贏得失。

自信是一種心理狀態，可以透過自我暗示加以培養。如果透過反覆不斷地確認，覺得自信會使自己得到想要的東西，然後傳遞到潛意識裡，它就會帶來成功，因為它的主要任務就是讓你實現自己想要得到的人生目標。積極的自我暗示，表示自我激發，它是一種內在的火種，一種自我肯定。它可以使我們的心靈歡暢，建立自信，走向成功。

自我暗示的方法很多，每個人遇到的壓力不同，自我暗示的方法也會不同。具有「東方艾科卡」之稱的夏目志郎，曾經提出達到自我暗示的六個條件，如下所示：

一・經常輸入偉人的事情。把自己推崇的偉人的資料輸入自己的大腦，經常用他們的奮鬥精神來激勵自己。

二・相信語言的力量。經常用一些諸如「我做得到」、「我可以度過難關」之類的話語來激勵自己，增加自信。

三・瞭解重複的重要性。連續不斷地重複某個想法，不僅內心深處會相信其發生的可能性，也可以讓自己排除壓力，充滿自信。

四・保持強烈的欲望。如果有很強的欲望，就會為了要實現的目標而付出行動，即使有障礙物，也不會改變目標。

五・決定終點線。量化目標，讓自己經常品嘗成功的喜悅，可以有效增強自信。

六・設定預想的困難。事先考慮到困難，障礙物橫亙面前的時候，就不會氣餒、灰心，即使受到挫折，因為心理上事先有準備，也不會輕易放棄。

怎樣期待，就有怎樣的人生

哈佛學子愛默生說：「一個人的一生，正如他自己設想的那樣，怎樣想像，怎樣期待，就有怎樣的人生。」

如果你想的是做最好的你，就會在你內心的「螢幕」上，看到一個躊躇滿志、不斷進取的自己。同時，還會經常收聽到「我做得很好，我以後還會做得更好」之類的訊息，你就會成為一個最好的你。

一九三〇年代，在英國一座普通的小城裡，有一個叫瑪格麗特的女孩，從小就在父親嚴格的管教下成長。父親經常向她灌輸這樣的觀點：無論做什麼事情，都要力爭第一，永遠走在別人的前面，不能落後別人。「即使是坐公車，你也要永遠坐在前排。」

父親從來不允許她說「我不能」或是「太難了」之類的話。

父親這種近乎殘酷的教育理念，培養出瑪格麗特積極向上的決心和信心。在以後的學習、生活、工作中，她隨時牢記父親的教導，總是抱持勇往直前的精神和必勝的信念，盡自己最大的努力克服所有困難，做好每件事情，力爭第一，以自己的行動實踐「永遠坐在前排」的誓言。

瑪格麗特上大學的時候，學校要求學習五年的拉丁文課程。她憑藉自己頑強的毅力和奮鬥精神，一年之內就修完五年的拉丁文課程。讓人難以置信的是，她的考試成績依然名列前茅。瑪格麗特不僅在學業上出類拔萃，她的體育、音樂、演講也是成績斐然。當年她所在學校的校長評價她：「她是我們建校以來最優秀的學生，她總是雄心勃勃，每件事情都做得很出色。」

正是在這種「永遠都要坐在前排」精神的激發下，四十多年以後，瑪格麗特成為英國甚至歐洲政壇上一顆耀眼的明星。她連續四年當選保守黨領袖，並且於一九七九年成為英國第一位女首相，雄踞政壇長達十一年，被世界政壇譽為「鐵娘子」。

這個故事告訴我們，做一個最好的自己，不一定要「出名」，也不必與別人比高低。決定最好的你，不是物質財富的多少，也不是身分的貴賤，關鍵是看你是否擁有實現自己理想的強烈願望，看你身上的潛力是否可以充分地發揮。我們熟知的一些英雄人物，就是在最平凡的位置上，充分發揮自己的能力，做好自己身邊的每件事情，創造最好的自己。

「塑造一個最好的你」這個目標，每個人都可以實現。只要意識到自己是大自然的一份子，是世界上獨一無二的人物，堅信自己擁有「無限的能力」與「無限的可能性」，就可以建立自己理想的自我形象，展現自己人格行為應該具有的魅力，這樣不僅自己滿意，也可以得到別人的讚許和認同。

—第九章— 以創新為理念

收穫最有新意的果實

生活中，我們經常會遇到難題，它是在提醒我們學會思索和創新，只有這樣，我們才可以把握生活的轉機。

創新不只是某些行業的專利，也不是超常智慧的人才會具有創新的能力，而是每個人都有某種創新的能力。很多人都有一種惰性，不是沒有創新精神，而是完全沒有去思考創新的事情，所有事情都按照固定的模式做，結果做來做去，沒有絲毫的改變和進步。不要因為別人這樣做，你就要這樣做；不要因為過去是這樣做，現在就要這樣做，這樣你就可以創新。

創新，讓智慧富有生機

法國著名哲學家狄德羅說：「知道事物應該是什麼樣，說明你是聰明的人；知道事物實際是什麼樣，說明你是有經驗的人；知道怎樣使事物變得更好，說明你是有才能的人。」

創新思考是我們掌握知識的載體，是正確地理解事物、牢固地掌握知識的一種積極的思考活動。在我們成長的過程中，創新思考能力是影響我們人生發展的重要核心能力。如果有一種創新的思考方式，養成這種思考的習慣，就可以自己發現問題，自己學習解決問題。

十八世紀化學界流行「燃素學」，這種認為物體可以燃燒是由於物體內含有燃素的錯誤學說，嚴重束縛人們的思想，許多科學家積極去尋找燃素，沒有一個人對此表示懷疑。瑞典化學家舍勒也是熱衷於尋找燃素的人，他從硝酸鹽、碳酸鹽的實驗中，得到一種氣體，實際上就是氧氣。但是他卻以為自己找到燃素，命名為「火氣」，並且解釋為火與熱是火氣與燃素結合的產物。舍勒如果不受「燃素說」的影響，當時就會獲得氧氣的發現權。英國人卜利士力在實驗中也得到氧氣，可是也因為篤信「燃素說」，把氧氣說成「脫燃素的空氣」，遭到和舍勒同樣的命運。

後來，卜利士力把加熱氧化汞取得「脫燃素的空氣」的實驗告訴拉瓦節。拉瓦節卻未從眾，他不受「燃素說」的束縛，大膽地懷疑，經過分析，終於獲得氧氣的發現權，使化學理論進入一個新的時期。

要善於思考，敢於否定前人，培養提出問題的能力。勇於提出問題，是一種可貴的探索求知精神，也是創造的萌芽。創造的機制是由於知識的繼承性，在每個人的頭腦裡容易形成一個比較固定的概念世界，某些經驗與這個概念世界發生衝突的時候，驚奇就開始產生，問題也開始出現。

一位老師曾經說：「考試的時候，你們把我講述的內容全部複述出來，最多只能得到八十分，我要的是你們自己的思想。」這種學術上的包容不僅開拓學生的思維，影響到他們的學生時代，而且對他們日後的工作思路和方法是一份寶貴的思想財富。如果你想要成功，就要養成思考創新的習慣，因為它是成就大事的催化劑。敢於思考，善於質疑，在學習前人優秀的東西的同時，要用創新思考的習慣，突破前人的束縛。

比爾・蓋茲會成為世界巨富，最重要的因素就是他敢於創新，敢走別人從來沒有走過的路。每年，比爾・蓋茲會到華盛頓的一個地方待上一段時間，在那裡思考微軟的下一步發展。

這個時候，任何一個微軟的員工都可以向他提交一份關於新產品或是新服務的書面建議，比爾・蓋茲也許諾他會看完所有的建議。如果他覺得哪個創意比較好，就會立刻回到公司位於雷蒙的總部，圍繞這個創意進行研發。正是這樣的習慣，確保微軟始終處於全球軟體行業的創新尖端。

在美國，父母見到孩子放學回家就會問：「今天向老師提出幾個新問題？」「今天有什麼新想法？」這些簡短的問語，正是反映出他們那種創新思考的習慣。

敢於突破自己，走別人沒有走過的路，就會走出一條嶄新的走向成功的捷徑。想要養成這種創新的思考習慣，就要不斷地改變以往的思考模式，敢於打破那種「理所當然」的意識。到那個時候，你就會發現，自己可以比別人看到更絢爛的風景，先人一步邁上成功的彼岸。

想要成就大事，就要培養創造力

「一個人是否具有創造力，是一流人才和三流人才的分水嶺。」這句名言是哈佛大學第二十四任校長普西對開發學生創造力意義的理解。

正如哈佛大學教育學部主任、考古學家波爾比姆所說：「一所偉大的大學，必須永遠處於改革狀態，任何時候都不能高枕無憂。」哈佛非常重視培養學生的創新能力，哈佛大學著名的華裔心理學教授高健在《企業家與創造力》一書中，按照人們的思考習慣，將人腦分為左腦型、右腦型、全腦型。他認為，左腦負責邏輯思考、數學分析，掌握語言技巧；右腦善於綜合訊息，重視直覺、靈感、系統思考，所以左腦型擅長計畫組織，右腦型想像力豐富。

高健教授透過問卷方法，從學生的個性類型、思考方式、大學科系、職業興趣、自我評價、業餘愛好來判斷腦型。

腦型的差異是一種自然現象，但是腦型並非無法改變。實驗證明，左腦型者向右腦型者靠近比右腦型者向左腦型者靠近容易。左腦已經有一技之長，運用右腦可以豐富左腦已經有的特長，因此左腦型靠近右腦型是一種「解放」。右腦型靠近左腦型，掌握左腦型者的知識和技術，就要下一番苦功。

創造是一種全腦型的活動，創造發端於興趣，整個創造過程分為準備、醞釀、頓悟、驗證、應用五個階段。在創造的過程中，左右腦密切配合，互相合作，左腦需要做大量艱鉅的準備工作確定創造的課題和性質，然後右腦進入醞釀階段，消化課題的每個方面，將訊息進行各種不同的整合。如果醞釀成熟，創造者會豁然開朗，產生解決課題的靈感。在驗證階段，左腦對右腦頓悟而得的設想做嚴格的分析，最後把新設想付諸實踐，解決實際問題。

學生瞭解自己的腦型，再透過有意識的努力克服由於腦型偏差而帶來的思考缺陷，進而把自己訓練成為全腦型人才。

為了培養學生的創新精神和實踐能力，哈佛大學在一九八三年就把單純的課堂講解轉變為具體的親身實踐。

哈佛商學院內有學生自營企業的活動，校方把針對學生的各項服務項目承包給學生，例如：學生旅行社，冰箱、電話答錄機出租，洗衣服務，健身操學習班。《哈佛商學院年鑑》、《學生地址錄》、《新生介紹》等實用手冊，均由學生負責編輯出版。每年二月，有意經營上述服務項目的學生組成小組，擬定出詳細的經營方案和收支預算，送交學校專設的學生企業特許權委員會。

一個服務項目經常有幾個小組爭相經營，特許權委員會審查各組的營業計畫，而後決定授予計畫最佳的小組開業特許權。學生如果有新的想法，可以隨時向特許權委員會提出營業申請。營業利潤歸學生所有，洗衣服務處一個學年的營利可達七千美元，《新生介紹》的編輯出版利潤高達兩萬到兩萬五千美元。這樣一來，學生不僅獲得經營企業的具體經驗，而且有利可圖。

「成就大事的其中一個秘訣很簡單，那就是培養自己的創造力，永遠不向現實妥協。」記住哈佛給我們的經驗，其實發現新事物不在難易，「關鍵在於誰先想到」。

打開想像力的閘門

艾德溫・蘭德，美國人，一九〇九年出生，一九二七年進入哈佛大學讀書，美國著名發明家，曾經因為研製即時成像相機而聞名於世，獲得的專利有兩百多項。他還是世界上最富有成果的著名企業家，曾經擔任美國寶麗來公司董事長、總裁、研究部主任。

誰也不會想到，一次拍照竟然會使一個人得到擁有億萬財產的重要機會。一九四七年二月的一天，蘭德替他的女兒照相，女兒不耐煩地問：「爸爸，我什麼時候才可以看到照片？」蘭德頗有耐心地解釋：「不要著急，沖洗照片需要一段時間。」然而，女兒的一句話卻深深地觸動他。此時，他突然想到，照相技術在基本上犯了一個錯誤——為什麼我們要等上幾個小時，甚至幾天才可以看到照片？如果可以當場把照片沖洗出來，這將是照相技術上的一次革命。困難就是在於如何在一兩分鐘之內，在照相機裡把底片沖洗出來，不僅可以適應〇℃～一百℃的氣溫，而且用乾燥的方法沖洗底片。

蘭德必須掌握解決這些問題的方法，他以讓人難以置信的速度開始工作。經過半年時間的高效率研究，他終於發明即時成像相機，並且取名為「拍立得」。它可以在六十秒內洗出照片，所以又稱為「六十秒相機」。

蘭德無法解釋自己經歷的發明過程，他相信人類和其他動物的基本區別，就是在於人類的創造力。

這次發明不僅使寶麗來公司的銷售額十年裡增長四十倍，並且使公司生產的底片銷售量也迅速增加。此外，蘭德的濾光片、濾色鏡、偏光片、看立體電影戴的眼鏡的發明、生產、上市及其帶來的高額利潤，都是蘭德重視創新的結果。創新的結果使他的企業不斷開闢出新的道路，事業自然是蒸蒸日上。一九六七年和一九六八年這兩年，寶麗來公司的股票達到高峰，蘭德和家人們擁有的股票價值高達五億美元。

艾德溫・蘭德經常對自己的助理們說：「我們應該擔任這樣的角色，可以創造出一種新的產品，一種人們根本不會想到竟然會產生的東西。」

人們請教蘭德有什麼成功秘訣的時候，他只是笑著說：「我相信人類的創造力，它的潛力是無窮的，我們只要把它挖掘出來，就會無事不成。」

很多人之所以失敗，是因為他們總是因循守舊、按部就班。只有敢於創新、打破常規，才可以贏得更多成功的機會和籌碼。只有透過創新，才可以體會到人生的真正價值和幸福。**美國線上公司前執行長詹姆斯·金姆塞曾經說：「勤於動腦、敢於創新的人，才可以爭取競爭的主動性。」**所以，我們要克服自己性格上因循守舊的弱點，用創新的思維突破常規的觀念，才可以超越自我，成就未來。

面對難以解開的局面，只要突破定式、打破常規，多一分感性的想像，多一些理性的假設，就會取得意想不到的成果。

創新並非超常智慧者的專利

打破常規，不按常理出牌，突破傳統思維的束縛，即使是一個很小的創意，也會產生非凡的效果。日本東芝電氣公司的一個員工一個不起眼的創意，為我們提供一個成功的實例。

一九五二年，日本東芝電氣公司積壓大量的電扇賣不出去，七萬個員工為了打開銷路，費盡心思想盡辦法，依然進展不大。

有一天，一個員工向當時的董事長石坂提出改變電扇顏色的建議。在當時，全世界的電扇都是黑色的，東芝公司生產的電扇也不例外。這個員工建議把黑色改成淺色，這個建議引起石坂董事長的重視。經過研究，公司採納這個建議。第二年夏天，東芝公司推出一批淺藍色電扇，大受顧客歡迎，還在市場上掀起一陣搶購熱潮，幾個月的時間裡就賣出幾十萬台。從此以後，在日本以及全世界，電扇不再是難看的黑色面孔了。

只是改變一下顏色，大量積壓滯銷的電扇在幾個月之內就銷售幾十萬台。沒想到這個改變顏色的設想，竟然獲得如此巨大的效益。

創造力是最珍貴的財富，如果一個人具有這種能力，就可以把握生活的最佳時機，進而創造出偉大的奇蹟。

成功學大師拿破崙・希爾認為：「創新不只是某些行業的專利，也不是超常智慧的人才會具有創新的能力。你也可以創新，你也可以成功。」

有一家生產、銷售牙膏的公司，在業界和消費者中都有很好的口碑，但是銷售量在達到一個數字之後就不再上升，於是總經理對全體員工下達一個命令，每位員工必須提出一個建議，以保證公司的銷售量可以比現在增加一倍。收到指示，員工們提出各自的方案，例如：推出富有創意的廣告、改變外觀、獎勵銷售人員。

就在所有員工積極行動並且提出建議的時候，有一個員工怎麼都想不出辦法。吃晚飯的時候，他想要往菜上撒調味粉，卻由於受潮而撒不出來。他的兒子不自覺地把筷子捅進瓶口的窟窿裡，把瓶口捅大，調味粉立刻撒了下來。兒子對一旁的父親說：「如果你實在提不出建議，就把這個方法拿去試試看。」

「這算什麼建議？」父親很不以為然，但他最後還是將「把牙膏管口開大一倍」這個建議向主管報告。讓人驚訝的事情發生了。他提出的建議竟然被採納了，銷售量也確實比原先增加一倍。

一個簡單的建議，它的效果可能是驚人的。創新不是高不可攀的事情，每個人都有某種創新的能力。很多人都有一種惰性，不是沒有創新精神，而是完全沒有去思考創新的事情，所有事情都按照固定的模式做，結果做來做去，沒有絲毫的改變和進步。

美國前總統羅斯福曾經說：「幸福不是在於擁有金錢，而是在於獲得成就時的喜悅，以及產生創造力的熱情。」傳統的思維禁錮我們的創新思考，拖累了發展的腳步。山重水複疑無路的時候，請試著另闢蹊徑，也許就會柳暗花明。別人習慣於縱向地把蘋果切開的時候，如果沒有那個橫切一刀的人，我們怎麼會發現蘋果裡面原來藏著那麼美麗的圖畫？

只要有想法，就要付諸行動

其實，每個人都會產生一些奇特的想法，但是絕大多數的想法都只是想法，但是如果創意成為現實，貢獻將是巨大的。不要認為所有的創意都非常複雜，有時候一個簡單的想法，也可以成就偉大的事業。

比佛是英國健力士啤酒廠的總經理，他喜歡在假期約朋友一起打獵。他對自己的槍法十分滿意，經常在朋友的面前吹噓，自己可以打到任何獵物。

有一次，他們發現一種鳥飛得特別快，朋友們就和比佛打賭，看他是否可以射中這種鳥。結果，比佛連一隻也沒有打中，朋友們藉此對他的槍法加以嘲弄。

比佛認為，這不是自己的槍法不好，而是這種鳥飛得實在太快了，但是朋友們卻不這樣認為。激烈的爭執之下，比佛開始認真了，他認定那種鳥是世界上飛行最快的鳥。

為了證明自己的說法是正確的，比佛在打獵回來之後，立刻找出《百科知識》之類的書籍進行查閱，想要透過書上的記載讓朋友們心服口服。但是比佛耗費了大量時間，卻沒有得到任何有價值的資料，沒有一本書提及鳥兒飛行的速度問題。

比佛很失望，他沒有找到任何證據，證明自己的說法是正確的。

比佛靈感突發，他心想，既然世界上沒有一本書記載鳥兒飛行的速度，為什麼自己不編一本這樣的書？他透過朋友介紹，聘請兩位學生兄弟擔任編輯。一年以後，他們編出第一本樣書，比佛替它取名為《金氏世界紀錄大全》。

這本書上市以後，立刻受到讀者的歡迎，自從問世以來，平均每年再版一次，被譯成二十三種文字，發行量達到四千萬冊。

五十多年以後，當年的健力士啤酒廠已經不知蹤跡，但是那本為了證明自己槍法很好而誕生的《金氏世界紀錄大全》卻依然存在，它創造的財富足以辦起幾十家健力士啤酒廠。

只是想要證明自己的槍法，比佛編了一本《金氏世界紀錄大全》。或許很多人曾經想要證明什麼，但是卻沒有產生這樣的創意，也缺少這樣的想法。

「如果你想要成功，必須打開自己想像力的閘門。」哈佛告訴我們：生活中，我們經常會遇到難題，它是在提醒我們學會思索和創新，只有這樣，我們才可以把握生活的轉機。

有一個年輕人，在一家石油公司找到一份工作，任務是檢查石油罐蓋是否已經焊接好。這是公司裡最簡單枯燥的工作，只要是有出息的人都不願意做這件事情。這個年輕人也覺得每天看這些鐵蓋太沒有意思了，他找到主管，要求調換工作。可是主管說：「不行，其他工作你做不好。」

年輕人只好回到焊接機旁，繼續檢查那些油罐蓋上的焊接圈。既然好工作輪不到自己，先把這份枯燥無味的工作做好吧！

從此，年輕人靜下心來，仔細觀察焊接的過程。他發現，焊接好一個石油罐蓋，總共用了三十九滴焊接劑。

為什麼一定要用三十九滴？少用一滴可以嗎？在這個年輕人以前，已經有許多人做過這份工作，從來沒有人想過這個問題。這個年輕人不僅想了，而且認真計算實驗。

結果發現，焊接一個石油罐蓋，只需要三十八滴焊接劑就夠了。年輕人在最沒有機會施展才華的工作上，找到了用武之地。他非常興奮，立刻為節省一滴焊接劑而開始努力工作。

原有的自動焊接機，是為每罐消耗三十九滴焊接劑專門設計的，使用舊的焊接機，無法實現每罐減少一滴焊接劑的目標。年輕人決定另起爐灶，研製新的焊接機。經過無數次嘗試，他終於研製成功「三十八滴型」焊接機。

使用這種新型焊接機，焊接一個罐蓋可以節省一滴焊接劑。積少成多，一年下來，這個年輕人竟然為公司節省開支五萬美元。

一個每年可以創造五萬美元價值的人，誰還敢瞧不起他？這個年輕人由此邁開成功的第一步。

許多年以後，他成為世界石油大王——洛克菲勒。

點滴可以成就大海，一個很小的創意，一點一滴的累積，都是走向成功人生的基石。**有人問洛克菲勒成功的秘訣是什麼的時候，他說：「重視每一件小事。我是從一滴焊接劑做起的，對我來說，點滴就是大海。」**

第十章 以誠信為冠

人生財富的隱形泉源

哈佛有一句話：「生命短促，只有美德可以將它流傳到遙遠的後世。」誠實的品格來自一顆正直無私的心。誠實是一種可以打動心靈的品格，是人生的命脈，是所有價值的根源，失去誠信就等於丟掉尊嚴。正如西塞羅所說：「沒有誠信，何來尊嚴？」

做不到的事情不能輕易答應，否則就會失信於人。特別是「每天、永遠」這樣的詞語，千萬不能輕易使用，因為你絕對做不到。記住，承諾和應諾一定要適度，要有餘地，不要心血來潮隨便答應，因為你絕對做不到，於是只能食言。食言多了，就不把誠信當一回事，誠信的習慣就沒有了。

信用會為你積蓄看不見的財富

哈佛教授多洛雷斯・克里格說：「信用會為你積蓄看不見的財富，時間越久，這筆財富就會越珍貴。欺騙只會惡意透支你的財富，也許只有一次，就會讓你一無所有。」

信用是人格的一種表現，是人類社會平穩存在、人與人和平共處的基礎，是人性中最珍貴的部分。信用與偽君子、空談家無緣。給予人信用，就是給予人許諾，那是不變的永恆。

漢威聯合公司的前任總裁兼執行長拉里・博西迪說：「任命一位新的部門經理，我必須確定他是一個非常講究誠信的人。這是一個絕對沒有商量餘地的前提，任何不具備這個前提的人都會被掃地出門。」

正是這種誠信的品格，使拉里・博西迪的領導地位步步高升：一九九一～一九九九年，擔任聯合信號公司總裁；一九九九年二月，這家公司與漢威公司合併以後，他當選為漢威聯合公司總裁。二〇〇〇年四月，他退休離開公司，二〇〇一年再次接受聘請，重新擔任公司的總裁。

正是這種誠信為先的用人機制，讓漢威聯合公司成為全球最受尊敬的公司之一；實現漢威聯合公司連續多年在現金流和收益方面的增長，並且取得連續三十一個季度每股收益率超過一三％的輝煌業績。

誠信最基本的一點是：不欺騙別人、守信用。

被稱為第二次世界大戰時期「三巨頭」之一的美國前總統羅斯福擔任海軍助理部長的時候，有一天一位朋友來拜訪他。

談話之間，朋友問及海軍在加勒比海某島建立基地的事情。因為這件事情在當時尚屬機密，羅斯福不便告訴他。

朋友不解地說：「我只要你告訴我。」

羅斯福望了望四周，壓低嗓子問朋友：「你可以對不方便外傳的事情保密嗎？」

朋友急切地說：「可以。」

羅斯福微笑著說：「好，我也可以。」

第二次世界大戰結束了，盟軍勝利了，美國成為戰勝國，羅斯福成為世人敬仰的英雄。但是，如果當時羅斯福的嘴巴不嚴，如果美軍的保密工作做得不好，將會給美軍、盟軍、反法西斯戰爭帶來巨大損失。

發明里爾噴射機的比爾・里爾，是一位擁有一百五十多項註冊專利的發明家，同時也是一位非常講究誠信的企業領導者。他在一九五〇年代，就看到小型私人噴射機的市場潛力，一九六三年完成處女航，一九六四年第一批噴射機被生產出來，交到客戶的手中。

這種新機型備受客戶歡迎，很快就售出一大批。但是沒過多久，里爾得知有兩架飛機因為不明原因離奇墜毀了。這讓里爾惶恐不安，因為當時市面上還有五十五架里爾客機在客戶的手中。里爾立刻通知所有的客戶停飛，直到查出原因才可以重新起飛。這件事情在當時的媒體中掀起軒然大波，里爾也知道這樣做對公司是非常不利的，但是在他的思想中，誠信比什麼都重要，人們的生命更比整個公司重要得多。

經過仔細的調查研究，里爾找到一個可能導致飛機墜毀的直接原因，但是必須經過實驗才可以確定。也就是說，必須讓有問題的飛機重新試飛，讓事故重演，才可以確定這個問題是否就是肇事禍因。

這是一個非常冒險的實驗，里爾決定親自駕駛飛機試飛。整個過程非常驚心動魄，飛機差一點墜毀，幸好里爾憑藉自己高超的飛行技術安全降落。有問題的零件最終被確定了，里爾又重新改進設計，在測試無誤以後，他把客戶手中的五十五架客機全部改裝測試，徹底解除危險以後才允許客戶飛行。

雖然這次事故讓里爾的公司損失慘重，也讓里爾客機公司的聲譽跌到谷底，但是里爾從未後悔過自己停飛的決定。他堅信，一個領導者必須用誠信來自律，才可以領導一個企業。所幸的是，兩年之後，里爾公司又重新挽回顧客的信心以及公司的命運，因為顧客們都相信，一個甘心冒著破產的危險、用誠信來自律的領導者，一定可以為他們送去有保障的產品和服務。

誠信是一筆巨大的財富，擁有它，就有機會擁有更大的財富，請你一定要珍惜。**哈佛教授雷塔・萊維茲指出：「信用是人格的一種表現，是人類社會平穩存在、人與人和平共處的基礎，是人性中最珍貴的部分。」**

誠實做人，不做謊言的奴隸

做人為什麼要誠實？

首先，誠實才可以取信於人。中國古代的思想家認為，誠實是信用的基礎，信用出於誠，不誠則無信，這就是誠信。誠信不僅是每個人應該遵從的最基本的道德規範，而且也是妥善處理人與人之間關係的準則。誠信待人，才可以感動別人；說話不算數，總是欺騙別人，就算是在家門口，也會寸步難行。其次，誠實會使我們的內心坦然，說謊、虛假、欺瞞，會使我們的良心受到折磨，讓我們的心境處在一種灰暗、忐忑不安、隨時緊張的狀態中，這種自我折磨正是不誠實的必然結果。

美國作家馬克・吐溫究竟因何而死？長期以來，人們不明原委。人們只知道，在一個寒冷的冬天，年邁的馬克・吐溫獨自在大雪中站了三個小時，結果罹患嚴重的肺炎，不幸去世。可是，他為什麼要這樣做？後來，人們從馬克・吐溫留下的文字中，找到了答案。

原來，馬克・吐溫曾經有過一個男孩。有一天，他的妻子外出，臨走的時候，再三叮囑他照顧出生還不到四個月的嬰兒。馬克・吐溫連聲答應，他把盛放孩子的搖籃推到走廊裡，自己坐在一張搖椅上看書，以便就近照顧。

當時正值冬天，室外氣溫低到攝氏零下十九度。由於閱讀入神，這位作家忘記周圍的一切，甚至沒有聽到孩子的哭聲。他放下書的時候，突然想起孩子還睡在走廊裡。他慌忙去看，發現搖籃中的孩子把棉被踢到一邊，已經凍得奄奄一息。他的妻子回來以後，馬克・吐溫害怕妻子責怪，不敢說出真相，他的妻子以為孩子受了風寒。

後來，這個孩子死了，夫婦倆為此悲痛欲絕。馬克・吐溫深感自己沒有盡到做父親的責任，內疚萬分。但是他一直沒有說出真相，害怕妻子受到更大的打擊。他一直隱瞞事實，直到妻子去世之後，他才在自傳中陳述這件使自己抱憾終生的往事，並且以在大雪中受凍來懲罰自己的愚蠢錯誤。

馬克・吐溫不敢對妻子說出真相，固然有可以理解的原因，但是隱瞞事實為他帶來的痛苦是顯而易見的。

在妻子去世以後，馬克・吐溫勇敢地公開事實，他不求人們的寬恕，也不躲避這樣做可能帶來的譴責或是指控，他唯一要求的是良心的安寧。

古波斯詩人薩迪說：「說假話猶如用刀傷人，儘管傷口可以治癒，但是傷疤卻永遠不會消失。」他還說：「寧願因為真話負罪，不可依靠假話開脫。」說謊或是說假話，經常被一些人奉為「聰明」的處世之道。他們為了掩飾自己的錯誤或是推脫責任而說謊，或是為了謀取個人利益而騙人。他們自以為得計，或是暫時得逞，但假的就是假的，謊言遲早有被揭穿的一天，那個時候他們會因為自己的不老實而失去別人的信任。

其實，說謊或是說假話，是一件很累人的事情。一位哲人說得很好：「如果說了一次謊，就需要有很好的記憶，全力把它記住。」累不累？說了謊，就要設法「圓謊」，然而謊話總是漏洞百出的。

為了圓一個小謊，就要說一個更大的謊，謊言就是這樣把說謊者逼上不歸路。很多騙子就是這樣從小騙變為大騙，最終落得觸犯法律、身敗名裂的下場。

著名的宗教改革家馬丁・路德一針見血地說：「謊言就像雪團，它會越滾越大。」

這個無法控制的雪團，只會毀掉說謊者。誠實的人也許會因為不會說謊、不會耍奸而吃虧，但是吃虧失去的往往是物質的、暫時的利益，誠實換來的卻是人們的信任和敬佩，是個人意志的鍛鍊和道德水準的提升，以及人性的完善。

不要忽視每一個承諾

說話算數是一個承諾，是一種誠信，但是做到說話算數不是很容易。正是因為如此，古人才會對說話算數加以讚賞。我們耳熟能詳並且經常應用的「一諾千金」、「一言九鼎」、「君子一言，駟馬難追」、「言必信，行必果」，都是訓誡人們的警句。

說話算數之所以不容易，是因為生活是複雜的，心理也是複雜的，還要面對許多主觀因素和客觀因素的影響。歷史上有名的「曾子殺豬」的故事，向我們詮釋說話算數的內涵。

曾子，又名曾參，春秋時期魯國人，是孔子的學生。曾子深受孔子的教導，不僅學問高，而且為人非常誠實，從不欺騙別人，甚至對自己的孩子也是說到做到。

有一天，曾子的妻子要去市集，孩子哭著叫著，要和母親一起去。於是，母親騙他說：「乖孩子，待在家裡等我，我回來以後殺豬給你吃。」孩子信以為真，一邊歡天喜地地跑回家，一邊喊著：「有肉吃了，有肉吃了。」

孩子一整天都待在家裡等媽媽回來，村子裡的同伴們來找他玩，他都沒有去。他靠在牆根下，一邊曬太陽，一邊想像豬肉的味道，心裡不知道有多麼高興。

傍晚，孩子遠遠地看見媽媽回來了，他一邊三步併作兩步地跑上前去迎接，一邊喊著：「娘，娘，快殺豬，快殺豬，我快要饞死了。」

曾子的妻子說：「孩子，你知道嗎？一頭豬的價錢可以買我們家三個月的口糧，怎麼可以隨便地就把牠殺了？」

孩子一聽，「哇」的一聲哭了起來。

曾子聞聲趕來，知道事情的真相以後，他二話不說，轉身回到屋子裡。過了一會兒，他手裡拿著菜刀走出來。妻子嚇壞了，因為曾子對孩子非常嚴厲，她以為曾子要教訓孩子，連忙把孩子摟在懷裡，哪知曾子卻徑直朝著豬圈奔去。

妻子不解地問：「你拿著菜刀跑到豬圈裡做什麼？」

曾子毫不思索地說：「殺豬。」

妻子一聽，撲哧一聲笑出來：「不過年不過節，你殺的哪門子豬？」

曾子嚴肅地說：「你不是答應孩子，要殺豬讓他吃肉嗎？既然答應了，就應該做到。」

妻子說：「我只是騙騙孩子，和孩子說話何必當真？」

曾子說：「對孩子更應該說到做到，否則不是讓孩子跟著父母學習說謊嗎？父母說話都不算數，以後要怎麼教育孩子？」

妻子聽了以後，慚愧地低下頭，夫妻倆真的把豬殺了。孩子吃到了豬肉，而且還宴請鄉親們，並且告訴鄉親們教育孩子要以身作則，說話算數。

曾子的做法，雖然遭到一些人的嘲笑，但是他卻教育出誠實守信的孩子。曾子殺豬的故事也一直流傳至今，他的品格一直為後代人所尊敬。

想要學會誠實做人，就要懂得承諾的重要性。無論對大事還是小事，如果做出承諾，就應該兌現。一個人的信用是依靠始終如一的誠實守信的行為建立起來的，所以我們不能輕視自己的每個承諾。

信任是成功的保證

人們厭惡虛偽和欺騙，呼喚和嚮往人與人之間的真誠與信任。一個良好的社會環境取決於相互信任，而不是相互猜疑。我們現在擁有的良好的社會秩序，經常會因為我們在大多數的時間裡彼此不信任而變得混亂不堪。如果我們言而無信，就是違背了常規。

做事不認真或是不可靠的時候，就會被視為背信棄義的行為。假如某個人或是某個團體辜負我們的信任之心，就會遭到唾棄，失去信譽。

從長遠的意義上說，老實人、涉世不深的人、那些認為別人都像自己一樣誠實的人，比疑心重重的人生活得更美滿、更充實。即使他們偶爾受騙，也同樣比那些誰也不相信的人幸福。

懷特曼八歲的時候，有一次去看馬戲團，看見那些在空中飛來飛去的人抓住對方送過來的鞦韆，百無一失，懷特曼佩服極了。「他們不害怕嗎？」懷特曼問母親。

前面有一個人轉過頭來，輕聲地說：「孩子，他們不害怕，他們知道對方靠得住。」有人低聲告訴懷特曼：「他從前是走鋼索的。」

懷特曼只要想到信任別人這件事情，就會回想到那些在空中飛的人。生死之間不容遲疑，彼此都要顧及到對方的安全。他們雖然勇敢，並且訓練有素，要是沒有信任別人的心，絕對無法演出那麼驚人的節目。

心理學家歐弗斯托說：「我們不僅可以保護別人，而且在許多方面也影響別人。」信任或是防範，可以鑄就別人的性格。

想要和朋友、同事、主管有一個良好的溝通，就要增進彼此的信任。

首先，必須有自信。美國詩人佛洛斯特曾經說：「我最害怕的，莫過於嚇破膽子的人。」事實上，自覺不如別人和能力不夠的人，無法信任別人。然而，自信不是以為自己毫無缺點。我們必須相信自己的地方，也就是必須相信別人的地方，即相信自己確實在盡自己的能力和本分做事，不管有沒有什麼成就。

其次，信任必須腳踏實地。有人說：「信任別人很危險，可能會受人愚弄。」信任不可以建立在幻覺上，你知道某個人喜歡搬弄是非，就不應該把秘密告訴他。世界不是一個毫無危險的運動場，場上的人也不是全部心懷善意，我們應該面對這個事實。真正的信任，不是天真地輕信。

怎樣培養誠信的性格？

一個人不僅要對別人誠信，也要對自己誠信。承諾別人的，要信守；承諾自己的，也要信守。真實地面對自己，真實地面對別人，真實地面對社會，不屈從於自己內心的欲望，不屈從於自己內心的恐懼，不掩飾自己的錯誤，這是不容易的。

誠實守信是無價的！沒有誠信，人們就不會相信你；沒有誠信，社會將會拋棄你！

誠實守信是走向成功的必備條件！想要贏得別人的信任，就要做到以下幾點：

注意小節

許多人不注意在小事上守信用，例如：借東西不還，與別人約會卻遲到甚至失約，答應替人辦某事卻不見動靜……這樣的小事多了，暫且不論別人怎麼看你，自己也會養成不守信用的習慣，以後遇到大事就會失信於人，為自己事業的發展埋下隱患。

不要輕易許諾

如果做不到，就要真誠地拒絕，這樣才是誠信的態度。什麼事情都答應，或是礙於情面而答應別人，不僅為自己增加不必要的負擔，而且無法做到的結果還會使自己失信於人。這不是表示我們不要幫助別人，而是在做出承諾之前要量力而行。

注意自我修養

與別人交易的時候，必須誠實無欺——這是獲得別人信任的最重要條件。要善於自我克制，做事必須誠懇認真，建立良好的信譽；隨時設法改正自己的缺點；行動要踏實可靠，做到言出必行。

一位母親保存著一個箱子，箱子裡都是借據，這個箱子已經保存三十年。借據的主人有男有女，當初簽下姓名，如今大多杳無蹤跡。母親說：「留下這些借據，不是期待這些人會來還錢，而是重在信義。每一張借據都代表某個人當初的一個難關，既然有能力幫他，表示我們當時比他好過；他至今不還，可能生活還是很差；假如真是惡意欺騙，我們也不會因此少一塊肉。這些人不是來偷、來搶，而是拿信用來換。人們一生的情債還不清，只有錢債，雖然容易忘記，卻也容易還清。」

後來，一位老人拿了兩千元來還債。母親拿出泛黃的借據，給了那位老人。母親說：「這位老人二十年以前來借錢，當場寫下借據，說隔兩天就還。這一隔，就是二十年，他也分文不差還清了。」

這就是誠信的力量，我們是否可以像那位老人那樣，把誠信永遠放在心上？

一個「信」字，從人而言，表示人言可靠，是做人的立身之本。一個守信用的人，表現出一種道德力量和意志力量。在自由經濟的條件下，信用也是我們必須遵守的公共準則。我們在合約、借據、發票上……簽下自己的名字，就是以自己的人格做出保證。若非不可抗拒之因素，我們一定要履約；若有違反，甘受法律制裁。當然，還有一種制裁，那就是：有愧於良心。

心學堂 36

哈佛大學
300年的秘密

企劃執行　海鷹文化
作者　李慧泉
美術構成　騾賴耙工作室
封面設計　九角文化/設計
發行人　羅清維
企劃執行　張緯倫、林義傑
責任行政　陳淑貞

出版者　海鴿文化出版圖書有限公司
出版登記　行政院新聞局局版北市業字第780號
發行部　台北市信義區林口街54-4號1樓
電話　02-2727-3008
傳真　02-2727-0603
E-mail　seadove.book@msa.hinet.net

總經銷　知遠文化事業有限公司
地址　新北市深坑區北深路三段155巷25號5樓
電話　02-2664-8800
傳真　02-2664-8801

香港總經銷　和平圖書有限公司
地址　香港柴灣嘉業街12號百樂門大廈17樓
電話　（852）2804-6687
傳真　（852）2804-6409

CVS總代理　美璟文化有限公司
電話　02-2723-9968
E-mail　net@uth.com.tw

出版日期　2025年01月15日　一版一刷
2025年04月25日　一版五刷
定價　350元
郵政劃撥　18989626　戶名：海鴿文化出版圖書有限公司

國家圖書館出版品預行編目（CIP）資料

哈佛大學300年的秘密 ／ 李慧泉作.
-- 一版. -- 臺北市 ： 海鴿文化，2025.02
面 ； 公分. --（心學堂；36）
ISBN 978-986-392-549-1（平裝）

1. 人生哲學　2. 成功法

191.9　113020666

SeaEagle

SeaEagle

SeaEagle